Über dieses Buch

Seit Menschengedenken werden Gewürzpflanzen gesammelt und zum Wohl von Körper und Seele eingesetzt. Sie machen Speisen besser verdaulich und länger haltbar. Durch sie erfährt der Gaumen vielfältige Geschmackserlebnisse und wir bekommen Appetit – nicht nur auf die Kalorien auf dem Teller, sondern auf das Leben an sich! Dank ihres Reichtums an ätherischen Ölen und anderen Vitalstoffen regen Gewürzpflanzen Stoffwechsel und Wohlbefinden gleichermaßen an. Sie pflegen die Darmflora, regulieren den Blutdruck, hemmen Bakterien oder entspannen die Nerven. Damit unterscheiden sie sich grundlegend von künstlich im Labor hergestellten Aromastoffen. Die Devise lautet daher: zurück zur Natur, zurück zu lebendigen Pflanzen!

Das Buch stellt Ihnen 40 Gewürzpflanzen der europäischen und internationalen Küche vor. Sie erfahren das Wichtigste zu deren Geschichte, zu den Inhaltsstoffen und über die körperliche Wirkung. Köstliche vegane Rezepte laden zum Ausprobieren ein. Dazu gibt es Tipps für die Hausapotheke und Rituale, die vertiefend in das seelische Thema der Pflanze einführen.

Jedem Gewürz ist auch eine Karte gewidmet, die das seelische Thema dieses »Helfers aus dem grünen Volk« direkt erfahrbar macht. Ziehen Sie sich intuitiv Ihre persönliche Tageskarte und lassen Sie Bild und Botschaften auf sich wirken. Icons am unteren Kartenrand informieren über die thermische Wirkung nach TCM und zeigen jenen Teil der Pflanze, der als Gewürz verwendet wird.

Julia Gruber

Nach dem Architekturstudium schloss Julia Gruber noch mehrjährige Ausbildungen in Geomantie, Shiatsu und Kinesiologie an. Ihre Bücher und Kartensets eröffnen dem Leser einen faszinierenden Zugang zur Seele der Pflanzen und Gewürze. Sie lebt mit ihrem Partner und Sohn am Stadtrand von Wien.

www.julia-gruber.com

Julia Gruber

Die sinnliche Welt der

Gewürze

Welche Pflanze stärkt mich heute?

KÖNIGSFURT-URANIA

Die in diesem Buch enthaltenen Informationen und Ratschläge wurden von der Autorin sorgfältig recherchiert und geprüft. Eine Garantie kann dennoch nicht übernommen werden. Die Informationen und Ratschläge sind außerdem nicht dazu gedacht, die Beratung durch einen Arzt oder Therapeuten zu ersetzen, sofern eine solche angezeigt ist. Eine Haftung der Autorin oder des Verlags ist ausgeschlossen.

Die Angaben und Tipps in diesem Buch beruhen auf Erfahrungswerten, sie müssen jedoch nicht für jede/n wirksam sein. Für Kleinkinder und Schwangere, für sehr geschwächte Personen und für Menschen in besonderen Krisen- und Wandlungsphasen können besondere Regeln gelten, die hier nicht angesprochen werden.

Bibliographische Information der Deutschen Nationalbibliothek
Die Deutsche Nationalbibliothek verzeichnet diese Publikation in der Deutschen Nationalbibliographie; detaillierte bibliographische Daten sind im Internet über http://dnb.d-nb.de abrufbar.

FSC zertifiziertes Papier: Bilderdruck matt, Novatech

MIX
Papier aus verantwortungsvollen Quellen
FSC® C014138

Originalausgabe
Krummwisch bei Kiel 2016

D-24796 Krummwisch
www.koenigsfurt-urania.com

Umschlaggestaltung: Antje Betken, Oldenbüttel unter Verwendung folgenden Motivs: Various herbs and spices © Alexander Raths, Fotolia.com
Abbildungen: Bildnachweis auf Seite 220
Projekt- und Programmleitung: Susanne Kirstein
Lektorat: Konzept Network, Gudrun Ruoff, München
Satz und Layout: Antje Betken, Oldenbüttel
Druck und Bindung: Finidr s.r.o.
Printed in EU

ISBN 978-3-86826-143-1 (Set: Buch und Karten)

Für Stefan Ramdas

Die Symbole auf den Karten

- thermische Wirkung (TCM): kalt/kühl
- thermische Wirkung (TCM): neutral
- thermische Wirkung (TCM): warm/heiß
- Gewürz: Blüte
- Gewürz: Blatt/Kraut
- Gewürz: Frucht
- Gewürz: Wurzel/Zwiebel
- Gewürz: Samen
- Gewürz: Keimling
- Gewürz: Rinde
- Fair Trade
- Anbau im Garten oder Topf möglich

** Einige Gewürze werden im allgemeinen Sprachgebrauch als »Samen« bezeichnet, obwohl diese eigentlich Früchte der Pflanzen sind (zum Beispiel bei Fenchel oder Kümmel). Für eine bessere Verständlichkeit wird bei den Rezepten im Buch der umgangssprachliche Begriff verwendet.*

Inhalt

Die Gewürze im Überblick

Die Würze des Lebens
Vorwort von Surdham Göb

Das Schönste im Leben ist doch die Würze, sie macht aus Gewöhnlichem das Besondere.

So klein, doch mit viel Sorgfalt gewählt und geerntet, verwandelt sie die notwendige Nahrungsaufnahme zu etwas Genüsslichem. Sie gibt einer Speise ihren einzigartigen Geschmack. Ob als frische grüne Blätter oder getrocknet, als Wurzel oder Samen, als Pulver oder ganze Schote – in den vielfältigsten Formen tauchen Gewürze in meiner Küche auf.

Es grenzt an ein Wunder, was diese Früchte der Natur mit ihrem Duft und ihren Farben alles zu vollbringen wissen. Und der gekonnte Umgang mit ihnen macht den Unterschied! Mich hat das schon immer fasziniert, mit wie wenig man sich inspirieren lassen kann, um in die Ferne zu gleiten, auf einen Ausflug in andere Länder: Eine Mischung aus Koriander, Kardamom und Kreuzkümmel mit ein bisschen Ingwer und Kurkuma und schon sind wir in Indien. Oder etwas Basilikum, Oregano und Rosmarin und »Bella Italia« ruft. Geben wir noch Thymian oder Estragon dazu: »Vive la France!«. Frisches Zitronengras mit Korianderblättern und wir sind in Thailand. Minze dazu und Vietnam lässt grüßen. So schnell, mit ein paar wenigen Handgriffen, können wir die ganze Welt auf unseren Teller zaubern.

Gesundheitlich sind Gewürze fast wie Heilmittel zu sehen, die sich positiv auf eine Vielzahl von Beschwerden auswirken. Ob Kümmel und Fenchel für einen unruhigen Magen, Ingwer mit ein bisschen Zitrone gegen eine Erkältung. Chili und Pfefferminze bei Hitze oder Wacholder und Zimt gegen Kälte. Für alle kleinen Beschwerden des Alltags ist ein Kraut gewachsen.

Besondere Aromen und ätherische Öle sind auf der ganzen Welt zu finden und schon sehr lange beschäftigen wir Menschen uns damit,

Foto: © Oliver Brachat • www.oliverbrachat.com

diese Kostbarkeiten rund um den Erdball zu transportieren. Gewürze machen es uns einfach, sind sie doch klein, leicht und meist gut haltbar. Wer sie von seiner Fernreise im Gepäck mitbringt, kann später in der eigenen Küche immer wieder schöne Urlaubserinnerungen wach werden lassen.

Als Koch möchte ich Sie dazu anregen, auch einmal die gewohnten Bahnen zu verlassen und Außergewöhnliches auszuprobieren. Am besten nehmen Sie dazu ein Gewürz in die Hand, schließen die Augen und schnuppern daran. Lassen Sie sich von seinem Duft oder auch von seiner Farbe zu neuen Variationen auf Ihrem Teller inspirieren. Dazu ist es sinnvoll, zunächst mit einer kleinen Menge des Gewürzes anzufangen und sich dann langsam hoch zu arbeiten … immer der Magie dieser speziellen Pflanze auf der Spur.

Und nun wünsche ich Ihnen viel Freude mit diesem Buch und Kartenset. Es lässt Sie auf eine ganz neue Art in die Welt der Gewürze eintauchen: von der Intuition getragen und vom Schicksal geführt. Auf dieser Reise können Sie nicht nur Ihren Speiseplan bereichern, sondern auch Ihr eigenes Leben und Sein.

Surdham Göb
(veganer Starkoch, Autor und Foodstylist)
in den Rauhnächten 2015
www.surdhamskitchen.com

Himmlische Düfte, erdiger Geschmack

Ein gutes Essen ist Balsam für die Seele.

Sprichwort aus Tadschikistan

Für uns Kinder waren es die Röstbrote, die uns nach einer langen Wanderung am Abend alle Anstrengung vergessen ließ. Sie waren der Inbegriff von »wieder zu Hause zu sein«, schmutzige Kleidung ausziehen zu dürfen und zu spielen. An diesen Tagen war es mein Vater, der zum Küchenmesser griff, den Knoblauch presste und dicke Brotscheiben damit bestrich, um sie anschließend im heißen Fett knusprig braun zu braten. Sobald die köstlichen Röstaromen durch unsere Wohnung zogen, ließen wir mitten im Spiel alles stehen und liefen zum gedeckten Küchentisch. Die Brote waren saftig und kross zugleich. Wer zu gierig war, verbrannte sich die Zunge.

Während der Wanderungen hielten wir nach süßen Früchten Ausschau, zum Beispiel nach den kleinen, knallroten Walderdbeeren. Sie waren wie Bonbons für uns, die man keineswegs schnell hineinstopft, sondern langsam auf der Zunge zergehen lässt. Kam nach Stunden monotonen Gehens dann eine Berghütte in Sicht, fingen wir an zu laufen. Es war die Vorfreude auf das wundervoll kühle Prickeln auf der Zunge beim ersten Schluck »Obi-g'spritzt« (Apfelschorle), die uns Beine machte.

Nach den sommerlichen Früchten stand gleich die Adventszeit auf meiner kindlichen Hitliste der Gaumengenüsse. Etwa der köstliche Geruch von frisch gebackenen Vanillekipferl, Lebkuchen und Zimtsternen. Uns Kindern war damals streng verboten, Kekse vor dem Weihnachtsabend zu stibitzen. Wie gut, dass ein beachtlicher Teil des Backwerks bereits beim Herstellungsprozess zerbrach – mehr oder weniger absichtlich – und dann doch im Kindermund verschwinden durfte.

Essen hält sprichwörtlich Leib und Seele zusammen, und Gewürze mit ihrem vielfältigen Aroma bereichern unser Leben. Nachdem ich mich in den letzten Jahren mit der seelischen und körperlichen Wirkung von über 200 verschiedenen Pflanzen beschäftigt habe – darunter die gängigsten Wildkräuter, Bäume, Nahrungs- und Heilpflanzen – war es mir ganz wichtig, auch die edlen Gewürze und ihren Bezug zu uns Menschen darzustellen. Und voilà – hier sind sie! Wie bei meinen anderen Sets biete ich hier wiederum verschiedene Möglichkeiten an, mit den 40 ausgewählten Pflanzen in Kontakt zu kommen. Das Buch, das Sie gerade in Händen halten, beschreibt in Kurzform das Wichtigste zum Aussehen der Pflanze, welche Teile wir als Gewürz verwenden und die Wirkung, die seine Inhaltsstoffe auf unseren Körper haben. Gleichzeitig lade ich Sie über das Kartenset ein, direkt mit dem lebendigen Wesen des Gewürzes, seinem Charakter, in Kontakt zu kommen. Denn Pflanzen sind nicht bloß ein grüner Zellhaufen. Ihre physische Erscheinung wird, wie bei uns Menschen auch, durch eine innewohnende Intelligenz belebt und gesteuert. Wenn wir uns innerlich auf sie einstimmen, dann hinterlässt sie einen Impuls, einen Abdruck in unserer Seele. Etwas wird in uns angerührt: zum Beispiel ein Gefühl, das wir lange verdrängt haben. Oder es kommt uns etwas in den Sinn, eine Idee, vor der wir uns bislang gesperrt haben, und wir erkennen auf diese Weise unsere unbewussten Ängste.

Pflanzen sind unsere Begleiter seit Anbeginn der Menschheitsgeschichte. Sie waren schon vor uns da. Und sie versorgen uns schlichtweg mit allem, was wir zum Leben brauchen: Atemluft, Nahrung, Kleidung, Baumaterial … Wie viel sie uns auch seelisch geben, kann jeder spüren, der nach einem langen Arbeitstag völlig ausgepowert in einem Wald spazieren geht. Es ist nicht nur die gesunde Luft zwischen den Bäumen, die für uns so wohltuend ist.[1] Es sind die großen Gestalten selbst, ihr Wesen, das mit uns in Beziehung tritt und uns friedlich und glücklich macht. Das wussten unsere Vorfahren intuitiv und verehrten besonders mächtige Bäume als ihre Götter. Doch auch kleinere

Pflanzen, wie Heilkräuter oder Gewürze, haben ihre spezifische Kraft. Wenn wir uns auf Pflanzen einlassen, können sie unsere Verbindung zur eigenen Seele verstärken. Wir spüren uns selbst deutlicher, unsere Potentiale, Ecken und Kanten. Wir lernen, unsere Persönlichkeit mehr anzunehmen, mit allem, was uns ausmacht. Und manchmal helfen uns Pflanzen auch zu erahnen, was hinter dem Sichtbaren und Benennbaren liegt. Sie geben uns einen Fingerzeig zum weiten Raum des Ewigen, des Lebendigen, des Tao.

Functional Food – keine neue Erfindung

Kochen ist eine Kunst – und keineswegs die unbedeutendste.
Luciano Pavarotti

Gewürze sind Stoffe, die zur Verbesserung von Aroma und Bekömmlichkeit unserer Speisen verwendet werden. Zumeist handelt es sich um getrocknete Pflanzenteile, die wir ganz oder in gemahlener Form einsetzen. In diesem Buch sind die gängigsten Gewürze der europäischen und internationalen Küche beschrieben, dazu einige meist frisch verwendete Kräuter (Petersilie, Dill, Korianderblätter und Schnittlauch), Limette als Vertreter der aromatischen Zitrusfrüchte, Kapern und Salz. Das Besondere an Gewürzen ist, dass jedes einzelne eine geballte Ladung gesundheitsförderlicher Inhaltsstoffe bietet. Somit kann der Gewürzschrank zu Hause auch als Hausapotheke angesehen werden.

Gewürze als Heilpflanzen

Seit Jahrtausenden werden Gewürze nicht nur zum Verfeinern von Speisen, sondern auch als wertvolle Heilsubstanzen eingesetzt. Wir kennen das besonders aus der traditionellen chinesischen Medizin (TCM) oder dem indischen Ayurveda. Diesen Gesundheitslehren entsprechend benötigt jeder Mensch eine maßgeschneiderte Ernährung, die seinen persönlichen Körpertyp unterstützt. Mit der Wahl der richtigen Lebensmittel gelingt es leichter, den Körper gesund zu erhalten und ein Leben in Harmonie mit den kosmischen Gesetzen zu führen. Mittels Gewürzen kann er seinem Essen eine bestimmte thermische Wirkung geben (siehe Icons auf den Karten).

Doch nicht nur in der asiatischen Medizin, auch im alten Europa wusste man um die Heilkraft von Gewürzen. Der berühmte griechische Arzt Hippokrates (400 v. Chr.) hatte beispielsweise eine große Auswahl von ihnen in seinem Heilpflanzensortiment. Abseits der Gelehrtenmedizin nutzte das »gemeine« Volk Gewürze auf seine eigene Weise.[2] Von Generation zu Generation wurde das umfangreiche Erfahrungswissen – größtenteils von Frauen – mündlich weitergegeben. Man bereitete Aufgüsse, Kompressen, Schwitzbäder, Kräuterbier und Salben mit Pflanzenauszügen, setzte aber auch auf die heilende Wirkung der täglichen Nahrung.[3] Ganz im Sinne eben jenes Hippokrates, der sagte: »Eure Nahrungsmittel sollen eure Heilmittel und eure Heilmittel eure Nahrungsmittel sein.«

Functional Food seit Menschengedenken

Gewürze vereinen seit Jahrtausenden Genuss und Funktion. Nicht nur helfen sie, Speisen ohne künstliche Konservierungsstoffe haltbar zu machen. Ihr hoher Gehalt an ätherischen Ölen, Mineralien und sekundären Pflanzenstoffen wirkt vitalisierend auf den menschlichen Körper und auf die Psyche gleichermaßen. Sie hemmen Krankheitskeime, Pilze und halten Krebszellen in Schach. Verdauungssäfte, Kreislauf und Libido werden angeregt. Ja, sie machen uns – ganz allgemein gesprochen – Lust aufs Leben.

Eine weitere wichtige Funktion hatten Gewürze früher in der Religion und Magie inne. Beispielsweise waren Myrrhe, Anis, Kardamom und Sesam im alten Ägypten kostbare Opfergaben für die Götter. Man verwendete Gewürze auch, um Verstorbene einzubalsamieren. Wacholder (»Kranewittzweige«) wurde im Mittelalter geräuchert, um Keime aus Krankenzimmern zu verscheuchen und gleichzeitig die darin hausenden Hexen und Dämonen, die als die Verursacher der körperlichen Unbill galten.

Ein Hauch von Südsee

Von der Insel Kalaset segelten wir nach Indien, wo ich Gewürznelken, Ingwer und andere Spezereien einkaufte. Von hier segelten wir nach Sind, wo wir auch Handel trieben und uns das Land ansahen. Auf dieser Reise sah ich unzählbare Merkwürdigkeiten.

aus: »Sindbad der Seefahrer«, Tausendundeine Nacht

Beim Kochen mit Gewürzen kann man in ferne Länder reisen, ohne dafür Koffer packen zu müssen. Schon lange bevor Flugzeuge und Internet die Welt zu einem »Dorf« machten, schätzten die Menschen exotische Gaumenfreuden und gaben dafür hohe Summen aus. Es waren die wohlriechenden Gewürze, welche die Entdeckerlust europäischer Seefahrer und die Gier ihrer Geldgeber angefeuert haben. In vielen blutigen Eroberungskriegen ging es schlichtweg um das Monopol des Gewürzhandels. Ohne die Leidenschaft für exquisite Aromastoffe wäre die Weltgeschichte vermutlich anders verlaufen.

William Hodges: Matavai-Bucht, Tahiti, 1773 (Ausschnitt) – rechts oben die Schiffe »Resolution« und »Adventure« von James Cook (1728 – 1779)

Schon im 6. vorchristlichen Jahrhundert wurde Zimt im Mittelmeerraum gehandelt, so berichtete der jüdische Prophet Ezechiel. Eine der wichtigsten Handelsverbindungen in der Antike und im Mittelalter verlief per Schiff von den Häfen in Ostafrika, Ägypten und Arabien über den Indischen Ozean. Man fuhr nach Indonesien und zu den Molukken (auch »Gewürzinseln« genannt), der Heimat der Nelken und Muskatnüsse. Bis in den Süden Indiens und Chinas reichte die damalige Seeroute. Doch sie war lang und gefährlich, daher versuchten viele über den Landweg ihr Glück. »Seidenstraße« wurde der sagenumwobene Karawanentreck und Transportweg für feinste Textilien, Moschus, Weihrauch und Süßholz genannt. Prächtige Handelsstädte wie Venedig, Genua, Alexandria und Konstantinopel erblühten und versammelten ungeheuren Reichtum unter ihren Dächern.

Zu den beliebtesten Gewürzen zählten damals Nelken, Zimt, schwarzer Pfeffer und Muskatnuss, die zeitweise in Gold aufgewogen wurden. Wilde Gerüchte rankten sich um die Gewinnung dieser kostbaren Aromastoffe. So berichtete der altgriechische Historiker Herodot im 5. Jahrhundert v. Chr.: »Die Araber meinen, dass die trockenen Stöckchen, die wir Zimt nennen, nach Arabien von großen Vögeln gebracht werden, die sie zu ihren Nestern aus Schlamm tragen, die auf Berghängen sind.« Er schrieb weiter, dass man bei der Ernte von Zimt einen Ganzkörperanzug aus Ochsenhaut anlegen müsse, um vor den entsetzlich kreischenden, geflügelten Lebewesen genügend geschützt zu sein.[4] Solche Geschichten, die oftmals absichtlich in die Welt gesetzt wurden, verliehen den Gewürzen ihre sagenumwobene Aura und verstärkten damit ihren Marktwert.

Um 1500 entdeckten portugiesische Seefahrer den Seeweg nach Indien und machten so Venedig und seinen Verbündeten das Monopol streitig. Erbitterte und blutige Kämpfe folgten zwischen den verschiedenen Seefahrernationen um die Vorherrschaft im Gewürzhandel. Im 16. Jahrhundert versuchte Christoph Kolumbus Indien über die Westroute via Atlantik zu erreichen. Im Glauben am Ziel angelangt zu sein, landete er an der Ostküste Amerikas und taufte die dort ansässigen Be-

wohner »Indianer«. Doch wo blieben die erhofften Pfefferkörner und Gewürznelken? Bei seiner Rückkehr brachte er seinem König und Finanzier als Ersatz Chilischoten mit, die er »Pimienta« (spanisch für Pfeffer) nannte. Der neue und leicht zu kultivierende Scharfmacher Chili ließ in der Folge die astronomisch hohen Preise des schwarzen Pfeffers in Europa zusammenbrechen.

Während des 17. Jahrhunderts gründeten europäische Seefahrer die ersten Zuckerrohrplantagen in der Karibik. Da die Einheimischen nicht sonderlich erpicht auf die gefährliche, monotone und schlecht bezahlte Arbeit waren und zudem in großem Stil von eingeschleppten europäischen Krankheiten hinweggerafft wurden, ließ man extra Sklaven aus Afrika importieren. Es wird berichtet, dass im Laufe von vier Jahrhunderten schätzungsweise elf Millionen Menschen in die Neue Welt verfrachtet wurden (die unzähligen Unglücklichen nicht mitgerechnet, die schon in ihrer Heimat am Weg zur Küste verstarben).[5] Um die Produktivität der Zuckerplantagen zu steigern, erfand man ausgeklügelte Maschinen und setzte die Sklaven in spezialisierten Teams ein (frühe Formen der »Fließbandarbeit«). Gleichzeitig entwickelte sich das Transportwesen weiter. So avancierte Rohrzucker, der früher als kostbares Gewürz in kleinen Prisen genossen wurde, schließlich zu einem Volksnahrungsmittel.

Im Laufe des 19. Jahrhunderts erhöhte sich der Zuckeranteil an der Kalorienzufuhr der britischen Bevölkerung von 4 % auf 22 %.[6] Denn Zucker brachte die benötigte schnelle Energie, um Industriearbeiter in ihren langen Schichten wach zu halten. Jahrtausendelang hatte man nur Honig und Früchte zum Süßen der Nahrung gekannt, nun entwickelte man geradezu eine Sucht nach Zucker. Gleichzeitig wurden exquisite Gewürze wie Zimt und Vanille, die bislang nur dem Adelsstand und reichen Kaufleuten vorbehalten waren, für alle erschwinglich. Man erfreute sich an Zimtschnecken, Vanillekipferl und Lebkuchen. All das machte die Eigentümer der Plantagen, die sogenannten »Zuckerbarone«, und ihre Händler zu den reichsten Männern der damaligen Zeit.

Im Zuge der Aufklärung begann man auch die magische Aura der Gewürze zusehends nüchterner zu sehen. Die Pflanzen verloren ihre einstmals fast religiösen Attribute, später auch weitgehend ihren Ruf als Heilmittel. Folgerichtig spaltete sich der Berufsstand der Apotheker von dem des Gewürzhändlers ab, bis das Gesundheitswesen in den Industrieländern schließlich fast vollständig von Pharmakonzernen und ihren synthetisch hergestellten Produkten dominiert wurde.

Wenn wir jedoch einen Blick über den eigenen Tellerrand werfen, sehen wir, dass nach wie vor ein Großteil der Weltbevölkerung (vor allem in ärmeren Ländern) auf Pflanzen als Heilmittel zurückgreift. Auch bei uns lassen die unangenehmen Nebenwirkungen vieler Pharmazeutika das Interesse für natürliche Heilmittel, darunter etliche Gewürze, wieder aufblühen: etwa Anis-Fencheltee bei Bauchweh oder Thymian bei Husten. Dazu haben sich Gewürze mit ihrem hohen Gehalt an ätherischen Ölen fest in der Aromatherapie etabliert. Wissenschaftliche Studien können mittlerweile belegen, dass bestimmte Duftstoffe nicht nur tief in unser Unbewusstes vordringen, sondern gleichzeitig die Steuerungsvorgänge im Körper beeinflussen. Ätherisches Pfefferminzöl wirkt beispielsweise sowohl konzentrationsfördernd als auch durchblutungsfördernd und entzündungshemmend im Körper.

Echte Pflanze oder E-Nummer

Es gibt eine Kraft aus der Ewigkeit
und diese Kraft ist grün.
Hildegard von Bingen

Obwohl frische Lebensmittel heutzutage – zumindest bei uns – leicht und in guter Qualität verfügbar wären, hören wir nicht auf die weise Hildegard von Bingen und ernähren uns zu weiten Teilen durch denaturierte Nahrung. Ob am Schulbuffet, in den Kantinen der Büros oder im heimatlichen Kühlschrank – industrielle Fertigprodukte bestimmen die moderne Ernährungsweise. Künstliche Aromamittel, Geschmacksverstärker wie Glutamat und viel Fett, Zucker und zu viel Salz werden zugesetzt, um die oft minderwertigen und abgestandenen Ausgangsstoffe zu kaschieren. Die Lebensmittelindustrie darf in Europa ganz legal aus etwa 2800 künstlichen, synthetisierten Aromen wählen, um ihre Fertiggerichte aufzupeppen. Die kleinen Geschmackshelfer aus dem Labor machen alleine in Deutschland 15 000 Tonnen pro Jahr aus, Tendenz steigend. Für das Jahr 2016 wird weltweit ein Umsatz von 26,5 Milliarden Dollar im Aromageschäft vorausgesagt (laut US-Marktforschungsgesellschaft Freedonia). Vier Konzerne dominieren den Markt, darunter das deutsche Unternehmen Symrise, das einen 10 %-Anteil weltweit hält und einen Jahresumsatz von 1,3 Milliarden Euro einfährt.

Künstliche Geschmacksstoffe sind billiger als vergleichbare Aromen in der Natur. Dazu kommt, dass die Gewürzpflanzen oft gar nicht in der Menge zur Verfügung stehen, die von der Lebensmittelindustrie gebraucht werden. Beispielsweise liegt der weltweite Verbrauch von künstlichem Vanillin bei 15 000 Tonnen pro Jahr. Aus den Schoten aller Vanille-Orchideen könnte aber nur eine vergleichbare Men-

ge von 40 Tonnen gewonnen werden. Praktisch für die Konzerne ist auch, dass künstliche Aromen im Gegensatz zu Naturprodukten stets denselben standardisierbaren Geschmack aufweisen. Sie sind nicht von regionalen Wetterverhältnissen abhängig und lassen sich daher viel leichter zu standardisierten – immer gleich schmeckenden – Produkten verarbeiten.

Mitten im Kennzeichnungsdschungel

Die Deklaration zugesetzter Chemikalien bei Fertigprodukten sorgt immer wieder für Missverständnisse. Wenn auf einem Etikett einfach nur »Aroma« oder »Erdbeergeschmack« steht, kann man davon ausgehen, dass die Speise künstliche Geschmacksstoffe enthält. Dies gilt auch für sogenannte »naturidentische« Stoffe, die zur Gänze chemisch hergestellt wurden (jedoch gemäß Vorbildern aus der Natur). »Natürliche Aromen« sind ebenfalls künstlich hergestellt, wobei die Ausgangsstoffe aus beliebigen Naturmaterialien (beispielsweise Pflanzen, Tieren, Pilze) bestehen. Zur Verdeutlichung: Wenn auf der Joghurtverpackung »natürliches Aroma Typ Erdbeere« steht, so ist keinerlei Frucht enthalten, das Aroma stammt möglicherweise von aufbereiteten Sägespänen.

Auch der Hinweis »natürliches Erdbeeraroma mit anderen natürlichen Aromen« ist irreführend. So enthält der Joghurt wahrscheinlich »echte« Erdbeer-Abfälle, denen man zuvor das eigene Aroma (für andere Lebensmittel) entzogen hat. In die langweilig schmeckende Masse werden dann hochkonzentrierte künstliche oder »natürliche« Aromastoffe eingerührt. Die Deklaration »natürliches Erdbeeraroma« ist die einzige, die Ihnen mindestens 95 % echte Früchte garantiert. (Über die restlichen 5 % wird geschwiegen.) Fazit: Wenn Sie richtige Früchte in Ihrem Joghurt wollen, dann mischen Sie sich diese am besten selbst hinein. Oder Sie kaufen Bioprodukte von Firmen, die sich einer gewissen Ethik verpflichtet fühlen. Oft ist man bei kleinen Produktionsstätten aus der Umgebung auf der sicheren Seite, die ihre

Kunden persönlich kennen und einen guten Ruf in der Region zu verteidigen haben. Wenn man es sich recht überlegt, ist die heutige Deklarationspraxis unserer Nahrungsmittel ein wahrer Schildbürgerstreich. Denn wer kennt schon die ganzen E-Bezeichnungen auswendig? In normalen Kaugummis sind zum Beispiel folgende Zusätze enthalten:

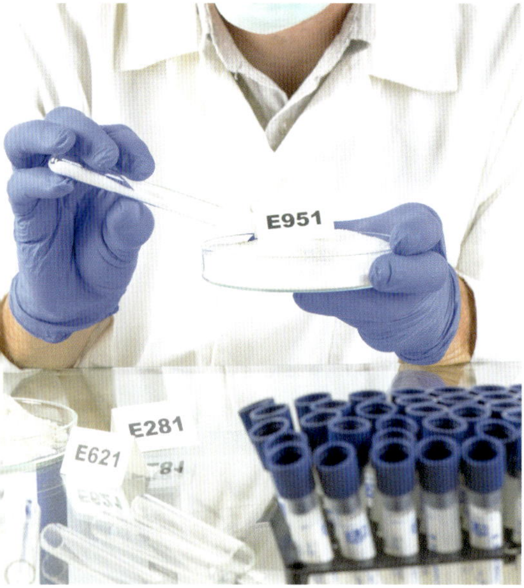

E951 – ***der künstliche Zuckeraustauschstoff Aspartam (Nutra-Sweet): wird verdächtigt, für zahlreiche Zivilisationskrankheiten verantwortlich zu sein.***[7]

E950 – ***der Zuckeraustauschstoff Acesulfam-K: soll krebserregend sein und Depressionen fördern.***

E171 – ***der weiße Kaugummi-Farbstoff Titandioxid: steht im Verdacht, Krebs zu erregen.***[8]

E321 – ***das Konservierungsmittel Butylhydroxitoluol: soll ebenfalls krebserregend sein und Hyperaktivität bei Kindern fördern. In England und Japan ist der Stoff bereits verboten.***[9]

Dazu kommen noch die künstlichen Aromen sowie weitere nicht deklarationspflichtige Stoffe in der Kaumasse (Weichmacher, Feuchthaltemittel).

Bevor ein Zusatzstoff auf den Markt kommt, wird der »ADI-Wert« (»Acceptable Daily Intake«) ermittelt. Er gibt (anhand von Tierversuchen!) jene Dosis an, die für den Menschen als täglich tolerierbar angenommen wird. Dabei zeigt die Praxis, dass gerade Kinder oft deutlich mehr als die täglich empfohlene Dosis abbekommen. Es ist wirklich verrückt, doch letztlich zwingt uns niemand, diese Produkte zu konsumieren. Statt bei Mundgeruch Kaugummis zu verwenden,

könnte man genauso Gewürze kauen, wie einige Kümmelsamen, Anis oder Petersilienblättern. So machten es jedenfalls unsere Vorfahren.

Besonders vegan lebende Menschen sollten bei der Deklaration von Industrieprodukten achtsam sein. Denn Tierteile finden sich in unerwartet vielen Produkten wieder, etwa als »hydrolysiertes Kollagen« (tierisches Eiweiß). Auch das harmlos klingende »echte Karmin« (E120), das zum Rotfärben von Süßigkeiten verwendet wird, ist tierischen Ursprungs. Man erhält es durch Auskochen und Quetschen von Cochenilleläusen.[10] Die Werbeindustrie sorgt dann dafür, dass die Produkte auch genügend Käufer finden. Strahlende Kindergesichter und volle Fruchtkörbe zieren die Verpackungen von Gummibärchen. Wer möchte dieses Glück nicht für sich haben? Und Geschmack wird erlernt. Speziell in den ersten Lebensjahren prägen die Essgewohnheiten der Umgebung unser Aromaempfinden. Studien mit Kindern zeigen, dass diese bei großer Auswahl genau zu dem greifen, was sie von Zuhause und aus dem Fernsehen kennen. Für manche schmeckt der künstliche Joghurt dann mehr nach »echten« Erdbeeren als die Frucht selbst.

Die neue Lust auf Natürlichkeit

Ich habe in meinem Leben nie eine Mahlzeit versäumt und nie ein Medikament eingenommen.

Johannes Brahms

Während die überwiegende Mehrzahl unserer Mitmenschen aufgrund minderwertiger Nahrung und Bewegungsmangel immer fettleibiger wird, Diabetes Typ 2 und Herz-Kreislaufkrankheiten zunehmen, ist eine kleine, doch wachsende Minderheit auf der Suche nach dem Puren und Unverfälschten. Bauernmärkte mit Produkten lokaler Erzeuger stehen hoch im Kurs, genauso wie Firmen, die sich dem fairen Handel und ökologischen Landbau verschrieben haben. Traditionelle Heilweisen, welche um die Wirkung von Kräutern und Gewürzen wissen (wie TCM, Ayurveda, TEM aus Europa, Hildegard-Medizin), finden verstärkt Zuspruch. Sie erinnern uns daran, dass gerade Gewürze eine ideale Gelegenheit bieten, das eigene Essen gemäß des persönlichen Körpertyps zuzubereiten. So kann auch innerhalb einer Familie der gemeinsame Suppentopf später auf dem Teller »individualisiert« werden. Neigt man zu kalten Händen und Füßen, wird dem Reis einfach eine Prise Zimt, Ingwer oder Chili zugegeben. Ist man ein hitziger Körpertyp, hilft etwas zerriebene Pfefferminze, Melisse oder der Saft von Zitrusfrüchten, das eigene System auszubalancieren. Warum also nur Salz und Pfeffer zum Nachwürzen auf den Tisch stellen und nicht den Luxus einer kleinen, aber feinen Kräuterauswahl?

Darüber hinaus bieten Pflanzen für Sterne- und Hobbyköche gleichermaßen die Möglichkeit, fantasievoll zu sein und auf spielerische Weise neue Geschmackserlebnisse zu erfinden. Wir können dafür nicht nur auf eine große Palette unterschiedlichster Gewürze aus »aller Herren Länder« zurückgreifen. Findige Gärtner entdecken laufend

auch heimische, beinahe vergessene Würzpflanzen wieder. Haben Sie beispielsweise schon einmal von der Senfkresse *(Lepidium latifolium)*, auch Pfefferkraut genannt, gehört? Es handelt sich um eine, bei uns im Mittelalter beliebte, robuste und bis zu einen Meter große Kresseart. Sie ist mehrjährig, wächst üppig und schmeckt würzig-scharf nach Meerrettich (Kren). Die kleingehackten Blätter kann man zum Beispiel über Suppen und Brotaufstriche streuen.

Auch die Wissenschaft hilft uns beim Setzen neuer Prioritäten: Studien belegen, welch große Wirkung ein gesunder Darm nicht nur auf unser Immunsystem, sondern besonders auch auf unser Gehirn und unsere Psyche hat. So bestätigt der Neurowissenschaftler John Cryan, dass unsere Darmbakterien mit beeinflussen, wie es uns geht und wie wir uns verhalten. Er formuliert sogar den provokanten Satz, dass »wir Menschen im Grunde Marionetten unserer Darmbakterien sind«.[11] Viele Zivilisationskrankheiten, wie chronische Entzündungen oder psychische Erkrankungen, gehen mit einer geschädigten Darmflora einher.

Wer also seine Darmbakterien fit halten möchte, sollte auf Fertiggerichte, Süßstoffe und Pharmazeutika möglichst verzichten und sich, gemäß Hildegard von Bingen, der frischen »Grünkraft« der Pflanzen zuwenden. Vegan, Raw Food, Clean Eating, Slow Food … so heißen neue Trends, die so neu eigentlich nicht sind. Denn sie greifen auf das zurück, was dem Menschen in seiner Entwicklungsgeschichte seit Jahrtausenden dient: eine gesunde Vollwerternährung. Sie kommt ohne Auszugsmehl, raffinierten Zucker und künstliche Aromastoffe aus. Einfache Gerichte werden aus frischen Lebensmitteln zubereitet, die naturbelassen, unverfälscht und möglichst in Bioqualität sind. Keine Fertigprodukte, keine Gentechnik, wenig oder keine Tierprodukte. Sich wieder Zeit nehmen fürs Kochen und Genießen, das Essen feiern!

Gewürze beleben das Land

In einer Gesellschaft, in der ländliche Arbeitsplätze rar geworden sind, bietet der Anbau von Gewürzen und Kräutern neue soziale Perspektiven. Ein Beispiel dafür ist der österreichische Kräuterpionier Johannes Gutmann. Als Bauernsohn im niederösterreichischen Waldviertel aufgewachsen (einer Grenzregion mit hoher Abwanderungsrate), beschloss er, ganz auf Aromapflanzen zu setzen. Er gewann Bauern aus der Umgebung für seine Idee und ließ sie die Aromapflanzen in bester Bioqualität anbauen, um sie dann unter dem gemeinsamen Namen »Sonnentor-Kräuter« zu vermarkten. Seine Produkte sind frei von Farb-, Konservierungs- und künstlichen Aromastoffen. Dafür sind die Käufer auch bereit, einen höheren Preis zu bezahlen. Von der anfänglichen One-Man-Show entwickelte sich Gutmanns Initiative zu einem florierenden Unternehmen, das mittlerweile in über 50 Länder exportiert. Da die Bauern einen Teil der Veredlung und Verpackung der Produkte direkt am Hof übernehmen, bleibt ihnen genug Gewinn übrig, um ein gutes Leben auf dem Land führen zu können.

Alles eine Frage des Geschmacks

Widme dich der Liebe und dem Kochen mit wagemutiger Sorglosigkeit!

Dalai Lama

Die wichtigste Aufgabe des Geschmackssinnes ist, dem Menschen zu helfen, zwischen schädlicher und bekömmlicher Nahrung zu unterscheiden. Die nötigen Geschmacksrezeptoren befinden sich dafür auf der Zunge (75 %) sowie in den Schleimhäuten des Mundraumes. Lebensmittel müssen in Sekundenschnelle analysiert und eingeordnet werden: herunterschlucken oder ausspucken? Ein wichtiger Partner hierbei ist auch der Geruchssinn. Wir wissen, dass bei starkem Schnupfen jedes Gericht gleich langweilig schmeckt. Folgende Geschmacksnoten werden unterschieden:

süß **Hauptauslöser sind aus Kohlenhydraten bestehende Zucker in Früchten sowie Rohr-, Rüben- und Kokosblütenzucker, (Ahorn-, Reis-, Agaven-)Sirup, Stevia und synthetisch hergestellte Zuckerersatzstoffe.**

sauer **Hauptauslöser sind verdünnte Säuren in Früchten, Essig, fermentiertem Gemüse (Sauerkraut).**

salzig **Hauptauslöser sind Salze (Natriumchlorid in Kombination mit weiteren Mineralien).**

bitter **Hauptauslöser sind Bitterstoffe, die aus ganz unterschiedlichen chemischen Verbindungen bestehen können (Glycoside, Isoprenoide, Alkaloide). Gewürze sind allgemein reich an Bitterstoffen.**

umami **Hauptauslöser ist Glutaminsäure, die in natürlicher Form zum Beispiel in Muttermilch und reifen Tomaten vorkommt.**

Als der Mensch noch Jäger und Sammler war, in der frühen Menschheitsgeschichte, zeigte süßer Geschmack an, dass eine Pflanze bekömmlich ist. Bei sauer, salzig und bitter hieß es: besser vorsichtig sein. Umami wiederum wird als vollmundig und herzhaft beschrieben. Viele Fertiggerichte und Snacks enthalten daher Glutamat als Zusatz, um den Verkauf zu steigern.

Der Geschmackssinn entwickelt sich beim Heranwachsen. Während das Aroma von Muttermilch beim Säugling noch das Ein und Alles ist, werden im Laufe des Erwachsenwerdens auch bittere und saure Lebensmittel interessant. Ein Beispiel sind Oliven, für die sich vergleichsweise wenige Kinder begeistern lassen. Auch für mich spielten sie eine untergeordnete Rolle – bis zu meiner Türkeireise, zu Beginn des Architekturstudiums. Damals servierte man uns zum Frühstück verschrumpelte, schwarze Oliven mit Schafskäse und Fladenbrot. Das bitter-saure Aroma am Morgen hat bei so manchen aus der Gruppe für Unbehagen gesorgt. Doch innerhalb kürzester Zeit gewöhnten wir uns daran und einige behielten das Olivenfrühstück auch zu Hause gerne bei.

Einen weiteren polarisierenden Geschmack liefern frische Korianderblätter. Bei meinen Recherchen stieß ich auf Beschreibungen wie »ekelhaft, abstoßend und nach Bettwanzen schmeckend«. Laut Untersuchungen stößt ihr Geschmack bei 15 – 20 % der Europäer auf Ablehnung, andere wiederum lieben Koriander. Als ich mit 20 Jahren mit meinem damaligen Freund in New York war, saßen wir täglich während der »Happy Hour« am Straßenrand und schlürften einen Cocktail. Zum Getränk durften wir uns den Bauch gratis mit Tortillachips und Salsa vollschlagen (was unseren Hunger stillte und den Geldbeutel schonte). Anfangs fanden wir das Aroma der Salsa-Sauce richtig irritierend. Heute baue ich mir Koriander im Garten freiwillig an, um die würzigen Blätter mit dem originellen Aroma jederzeit zur Hand zu haben.

Geschmackszellen lassen sich auch bewusst manipulieren. Ein interessantes Experiment dazu liefert die Mirakelfrucht oder Wun-

derbeere genannt *(Synsepalum dulcificum)*: Noch eine Stunde nach Genuss ihres süßlichen Fruchtfleisches melden die Geschmacksknospen verzerrte Ergebnisse ans Gehirn: saure oder bittere Lebensmittel erhalten einen extrem süßen Nebengeschmack. Sogar Essig wird als sehr süß empfunden. Das ist einerseits lustig, kann aber auch gefährlich werden. Denn ungenießbare Lebensmittel schmecken plötzlich verführerisch lecker – obwohl sie zu schweren Schädigungen des Verdauungssystems führen.

Geschmack verändert sich nicht nur in der Jugend, sondern auch im Alter. Ein Beispiel dafür sind reifere Herrschaften unter uns, die ihr Essen immer stark nachwürzen. Denn sowohl das Geruchsempfinden als der Geschmackssinn verlieren mit den Jahren gewöhnlich ihre Sensibilität. In den Kantinen von Seniorenheimen ist es daher üblich, viel kräftiger zu würzen als beispielsweise in Kindergärten. So bekommen auch ältere Menschen wieder Appetit und die Speisen schmecken für sie genauso lecker wie früher.

Qualität erkennen, anwenden, anbauen

Du hast Augen, damit du sehen und alles ringsum überschauen kannst. Wo du Schmutz siehst, wasche ihn ab, was dürr ist, lass grün werden, und sorge, dass deine Gewürze schmackhaft sind.

Hildegard von Bingen

Ganz allgemein lässt sich sagen: Die Qualität eines Gewürzes wird umso höher eingestuft, je intensiver Duft, Farbe und Geschmack sind. Machen Sie um muffig riechende Pulversäckchen einen weiten Bogen. Viele Pflanzen verlieren im geriebenen Zustand schnell an Aroma. Daher ist es eine lohnende Investition, sich einen Mörser oder eine Gewürzmühle zuzulegen. So kann man sich die gewünschten Geschmackszusätze bei Bedarf und in der jeweilig benötigten Menge immer frisch mahlen. Das braucht zwar etwas Zeit, doch der köstliche Duft bei der Verarbeitung entschädigt allemal dafür. Außerdem ist die Lagerung ganzer Körner hygienischer und man weiß, was man hat. Das Pulver hingegen kann von dubiosen Händlern leicht gestreckt werden, ohne dass ein Laie das später überprüfen könnte. Bei teuren Gewürzen wie dem Safran besteht diesbezüglich ein besonderes Risiko.

Gewürze sollten immer kühl, trocken und dunkel aufbewahrt werden, da die UV-Strahlung der Sonne die enthaltenen ätherischen Öle zerstören kann. Hierfür eignen sich Gläser mit gut schließendem Schraubverschluss aus getöntem Glas sehr gut. Behälter aus Plastik sind bedingt geeignet, da beispielsweise PE (Polyäthylen) für manche ätherische Öle durchlässig ist.

Fair Trade und Bioqualität

Wie wir anhand der blutigen Geschichte der Gewürze gesehen haben, ist fairer Handel ein wichtiges Thema. Der Hauptteil der weltweiten Produktion stammt heute aus Indien, gefolgt von Indonesien, Brasilien und Madagaskar. Die Herkunftsländer sind in der Regel arm. Oft herrschen ausbeuterische Arbeitsbedingungen bis hin zu richtiger Sklaven- und Kinderarbeit. Daher ist beim Einkauf besonders wichtig, dass der Hersteller Fair Trade und möglichst biologische Anbaubedingungen garantiert. Neben dem ethischen Aspekt sind die Wuchsbedingungen ohne giftige Pflanzenschutzmittel und Dünger, eine sorgfältige Ernte (oft per Hand) und eine schonende Trocknung sehr wichtig für das Aroma des Gewürzes. Auch wird in manchen Ländern radioaktive Strahlung zur Entkeimung angewendet. Das können Sie sich beim Kauf von biologischer Ware ersparen.

Gewürze mischen und anwenden

Die unterschiedlichen Aromen der Pflanzen laden zum Spielen und Experimentieren ein. Neben den traditionellen Gewürzmischungen aus aller Welt werden ständig auch neue interessante Kombinationen gefunden, die den Gaumen erfreuen. Vieles entsteht hier per Zufall – es braucht bloß etwas Zeit und Entdeckerlust. Ich lade Sie an dieser Stelle herzlich ein, zu experimentieren und Ihrer Kreativität freien Lauf zu lassen. Für mich ist zum Beispiel das Rezept *Muskatkürbis im 5-Elemente-Mantel* (siehe Seite 70) so ein guter Zufall: Ich war gerade dabei, mir die Gewürzmischung frisch herzustellen, da fiel mein Blick auf einen prallen, orangefarbenen Kürbis von meinem »Biokistl«-Lieferanten. Eins und eins zusammengezählt, die Gewürzmischung war schnell zusammengerührt und das Ergebnis köstlich!

Beim Mischen von Gewürzen gibt es natürlich Erfahrungswerte. Tipps, welche Gewürze harmonieren, finden Sie auf den Seiten 36 und 37. Besonders in der indischen Küche ist es üblich, bestimmte Gewürze wie Bockshornklee, Koriander oder Kreuzkümmel vor dem

Mahlen in der trockenen Pfanne anzurösten, um den Geschmack zu intensivieren. Auch bereits gemahlenes Pflanzenpulver kann man zu diesem Zweck kurz in etwas Pflanzenöl anbraten. Manche Gewürze sollten möglichst lange mitgekocht werden, damit sie ihr Aroma entfalten. Beispiele dafür sind Kümmel, Koriander, Nelken, Lorbeer, Wacholderbeeren oder Zimt. Folgerichtig finden wir sie in vielen traditionellen Eintöpfen, in sauer eingelegtem Gemüse und Kompotten. Andere Kräuter, wie Schnittlauch, Korianderblätter und Petersilie, fügt man erst am Ende der Garzeit hinzu, weil ihr Aroma flüchtig ist und die Vitamine sonst verloren gehen. Bei exotischen Gewürzen können wir uns an den Erfahrungen der landestypischen Küche orientieren.

Gewürze selbst anbauen

Eine breite Palette an Aromapflanzen lässt sich im mitteleuropäischen Klima anbauen. Viele Kräuter sind anspruchslos und gedeihen auch ohne Pflegemaßnahmen gut, etwa Thymian oder Zitronenmelisse. Wer einen optimalen Ertrag möchte, sollte Bodenverhältnisse und Sonneneinstrahlung bei der Wahl der Kultur beachten. Links für mehr Informationen dazu finden Sie am Buchende. Manche frostempfindliche Pflanzen, wie Chili oder Basilikum, werden bei uns nur in einjähriger Kultur gezogen. Und schließlich gibt es jene Gewürze, die wir – wie vor 500 Jahren – aus den heißen Ländern importieren müssen. Denn bei Gewürznelken oder Vanille beißen sich auch erfahrene Gärtner in unserem Klima die Zähne aus.

*Wie die Gewürze dieses Sets untereinander harmonieren**

Anis Bockshornklee, Gewürznelke, Kardamom, Koriander, Kreuzkümmel, Kümmel, Mohn, Muskat, Paprika, Zimt

Basilikum Kapern, Koriander, Majoran, Oregano, Petersilie, Pfefferminze, Schnittlauch, Thymian

Bockshornklee Anis, Gewürznelke, Kardamom, Kreuzkümmel, Kümmel, Koriander, Kurkuma, Limette, Paprika, Zimt

Dill Kümmel, Lorbeer, Meerrettich, Paprika, Petersilie, Piment, Schnittlauch, Senf

Galgant Gewürznelke, Ingwer, Koriander, Limette, Oregano, Piment, Zimt

Gewürznelke Ingwer, Kardamom, Koriander, Lorbeer, Muskat, Piment, Sternanis, Zimt

Ingwer Basilikum, Gewürznelke, Kardamom, Koriander, Kreuzkümmel, Kurkuma, Limette, Muskat, Petersilie, Pfefferminze, Zimt

Kakao Gewürznelke, Kardamom, Melisse, Pfefferminze, Sternanis, Vanille

Kaper Limette, Oregano, Petersilie, Thymian

Kardamom Anis, Bockshornklee, Gewürznelke, Ingwer, Koriander, Kreuzkümmel, Kümmel, Paprika, Safran, Senf, Sternanis, Vanille, Zimt

Koriander Bockshornklee, Galgant, Gewürznelke, Ingwer, Kardamom, Kreuzkümmel, Kurkuma, Kümmel, Muskat, Piment, Senf, Zimt

Kreuzkümmel Anis, Bockshornklee, Gewürznelken, Ingwer, Kardamom, Koriander, Kurkuma, Lorbeer, Muskatnuss, Oregano, Paprika, Piment, Senf, Zimt

Kümmel Anis, Koriander, Lorbeer, Majoran, Paprika, Petersilie, Senf, Thymian, Wacholder

Kurkuma Basilikum, Galgant, Ingwer, Kardamom, Koriander, Kreuzkümmel, Paprika, Zimt

Liebstöckel Dill, Kümmel, Lorbeer, Majoran, Oregano, Petersilie, Schnittlauch, Thymian, Wacholder

Limette Dill, Galgant, Ingwer, Koriander, Petersilie, Senf

Lorbeer Gewürznelke, Kümmel, Majoran, Oregano, Paprika, Petersilie, Thymian, Salbei, Wacholder, Zimt

** Chili, Pfeffer und Salz sind nicht extra aufgeführt, da sie ein guter Partner für fast alle Gewürze sind.*

Majoran Limette, Kümmel, Lorbeer, Paprika, Petersilie Rosmarin, Salbei, Thymian, Wacholder

Meerrettich Kümmel, Limette, Paprika, Petersilie

Melisse Kakao, Limette, Mohn, Pfefferminze, Stevia

Mohn Ingwer, Kakao, Kardamom, Melisse, Stevia, Vanille, Zimt

Muskat Anis, Dill, Gewürznelke, Ingwer, Kardamom, Koriander, Kümmel, Kurkuma, Limette, Lorbeer, Piment, Zimt

Oregano Basilikum, Kreuzkümmel, Lorbeer, Paprika, Petersilie, Rosmarin, Salbei, Thymian

Paprika, süß Limette, Kümmel, Muskat, Petersilie, Schnittlauch, Zimt

Petersilie Basilikum, Korianderblätter, Liebstöckel, Majoran, Pfefferminze, Schnittlauch und viele andere Gewürze

Pfefferminze Kakao, Limette, Melisse, Stevia, Petersilie

Piment Gewürznelke, Kardamom, Koriander, Limette, Muskat, Sternanis, Thymian, Zimt

Rosmarin Pfefferminze, Liebstöckel, Oregano, Petersilie, Salbei, Thymian, Kurkuma, Ingwer

Safran Anis, Kardamom, Muskat, Paprika, Vanille, Zimt

Salbei Ingwer, Kümmel, Liebstöckel, Lorbeer, Majoran, Petersilie, Rosmarin, Thymian

Schnittlauch Basilikum, Korianderblätter, Paprika, Petersilie, Senf, Thymian, Wacholder

Senf Bockshornklee, Koriander, Kümmel, Kurkuma, Lorbeer, Petersilie, Schnittlauch

Sternanis Gewürznelke, Ingwer, Koriander, Limette, Muskat, Vanille, Zimt

Stevia Anis, Pfefferminze, Süßholz, Zimt

Süßholz Anis, Koriander, Ingwer, Nelke, Sternanis, Zimt

Thymian Basilikum, Lorbeer, Majoran, Muskat, Oregano, Paprika, Petersilie, Rosmarin

Vanille Gewürznelke, Kardamom, Piment, Safran, Zimt

Wacholder Kümmel, Lorbeer, Majoran, Rosmarin, Schnittlauch, Thymian

Zimt Gewürznelke, Ingwer, Kardamom, Koriander, Kurkuma, Kümmel, Muskat, Sternanis

Zur Verwendung des Kartensets

Den Garten des Paradieses betritt man nicht mit den Füßen, sondern mit dem Herzen.

Bernhard von Clairvaux

Dem Zitat des berühmten mittelalterlichen Mystikers möchte ich noch hinzufügen: Man betritt das Paradies auch nicht mit dem Kopf. Es ist das Herz, das symbolisch für die Verbindung mit unserem inneren Wesen, der Seele und unserer Ganzheit steht. Wenn wir innehalten und uns überlegen: »Welche Augenblicke sind es in meinem Leben, die ich nicht missen möchte? Was bleibt, wenn alles andere abfällt?«, dann erkennen wir, dass es »Herz«-Momente sind. Situationen, in denen wir uns »gemeint« gefühlt haben, geliebt und »genau am richtigen Platz«. Wo wir Innigkeit und Intensität gespürt haben, eine ungeahnte Tiefe in uns.

Pflanzen können uns Menschen eine gute Hilfestellung sein, mit unserem Herz in Verbindung zu kommen und dadurch ein größeres Bewusstsein für uns selbst zu entwickeln. Denn jede von ihnen löst in uns etwas aus, wenn wir uns innerlich auf sie einstimmen. Damit dies im Alltag praktisch und einfach umzusetzen ist, habe ich das beiliegende Kartenset zusammengestellt. Es ist immer ein besonderer Moment, sich die erste Karte aus einem neuen Deck zu ziehen! Fächern Sie dafür die Karten vor sich auf, zentrieren Sie sich in Ihrer Mitte und beobachten Sie einige Momente Ihren Atem. Wenn Ihr Geist ruhig geworden ist, können Sie Ihre Aufmerksamkeit einem Thema zuwenden, das Ihnen unter den Nägeln brennt. Oder auch einfach den Fragen: »Welche Pflanze stärkt mich heute?« »Welches Gewürz kann mir einen wichtigen Charakterzug von mir bewusst machen?« Dann lassen Sie Ihre Hand über den Karten schweben und ziehen intuitiv eine heraus.

- ***Lassen Sie das Bild und die Texte auf sich wirken.***
- ***Welche Assoziationen stellen sich ein?***
- ***Was hat der Text mit Ihrem Leben zu tun oder der Situation, in der Sie sich befinden? Zeigt die Karte einen Teil Ihres Wesens?***
- ***Wäre es schön, mehr von dieser Qualität in Ihrem Alltag zu haben?***
- ***Oder ist diese bereits zu dominant?***

Wenn Sie mehr von dieser Qualität in Ihrem Leben haben möchten, dann können Sie sich fragen:

- ***Wenn ich genau beobachte, wo kann ich bereits jetzt diese Qualität in meinem Alltag entdecken? In welchen Situationen oder bei welchen Menschen begegnet sie mir?***
- ***Durch welche Entscheidung kann ich ihr mehr Raum geben? Vielleicht indem ich meinen Tagesrhythmus anpasse, meinen Freundeskreis und meine Hobbys verändere.***
- ***Möchte ich die Karte einige Tage als Erinnerung an einem besonderen Ort in meiner Wohnung aufstellen?***
- ***Würde es mir gut tun, mit dem Gewürz öfter zu kochen?***

Ist es jedoch umgekehrt und die Qualität der Gewürzkarte kommt bereits in einem Übermaß in Ihrem Leben vor, dann ist es eine gute Gelegenheit, innerlich still zu werden. Lassen Sie die auftretenden Gefühle – ob Wut, Ohnmacht oder Angst – zu, nehmen Sie sie wahr, ohne diese zu bewerten oder in den Geschichten der Vergangenheit zu bleiben. Denn die Frage, »wer-wann-wie« schuld war oder »wer-was-wie« besser hätte machen sollen, bringt Sie nicht weiter. Bleiben Sie lieber direkt bei den Gefühlen und gut mit Ihrem Herzen verbunden, ihrem Transformationszentrum. Gefühle sind Leben »pur«. Ob unangenehm oder erfreulich – alle Gefühle sind nur vorübergehend wie die Wellen am Meer. Wenn wir sie wahrnehmen, ohne an ihnen festzuhalten oder ihnen Widerstand entgegen zu setzen, ersparen wir uns viel unnötiges Leid. Sie kommen und sie gehen wieder. Dabei tragen sie zu unserer Ganzheit bei, zu einem erfüllten Leben.

Gewürzkarten zur Ergründung der Seele

Ob alleine zu Hause, im Kreis von Freunden/Freundinnen oder in einer größeren Seminarrunde – Pflanzenkarten können ein intensiver Impulsgeber sein, um ans »Eingemachte« zu kommen, an die Themen, die uns wirklich berühren. Die Aufmerksamkeit wird direkt auf das gelenkt, was unsere Seele oder die innewohnende Intelligenz als Priorität für unser Leben ansieht. Das ist effiziente Psychohygiene und gleichzeitig sehr spielerisch. Gerne kann dem Ziehen einer Karte auch ein genussvolles Mahl folgen, welches das gewählte Gewürz beinhaltet. Im Fall einer Gruppe kann man die einzelnen Teller individuell zurecht machen oder die Gewürze kreativ kombinieren. Der eigenen Fantasie sind hierbei keine Grenzen gesetzt. Nicht zuletzt bieten die vorgeschlagenen Rituale im Buch eine weitere Möglichkeit, sich mit seelischen Themen mittels der Gewürze auseinanderzusetzen.

Wo finde ich Knoblauch, Schwarzkümmel, Sesam und Zwiebel?

Es ist richtig, dass es noch viele weitere fantastische Gewürze gibt, die aufgrund des beschränkten Umfangs des Kartensets nicht aufgenommen werden konnten. Die gute Nachricht ist, dass Sie manche Würz-Pflanzen, die hier fehlen, in anderen Kartensets von mir finden können:

- **Bärlauch, Beifuß, Brennnessel, Gundelrebe, Mädesüß** *(Wildkräuterset*)*
- **Champignon, Fenchel, Knoblauch, Kresse, Mandel, Olive, Orange, Zitrone, Zwiebel** *(Heilkraft aus der täglichen Nahrung*)*
- **Granatapfel, Hagebutte, Lavendel, Moringa, Preiselbeere, Schwarzkümmel, Sesam, Weihrauch** *(Heilkraft aus der täglichen Nahrung*)*
- **Berberitze, Edelkastanie, Haselnuss, Sanddorn, Walnuss** *(Bäume für die Seele*)*
- **Cranberry, Pinienkerne (Kiefer), Preiselbeere, Sesam** *(Natürlich heilen – Immunkraft stärken*)*

Die vollständige Pflanzenliste finden Sie am Buchende im Kapitel »Seelische Impulse aller bisher veröffentlichten Pflanzen«. Und nun ist es soweit: Folgen Sie mit mir in die Welt der 40 ausgewählten Gewürze!

* Ausführliche bibliografische Angaben dieser Kartensets finden Sie auf Seite 213.

Informationen zu den 40 Gewürzen

Anis

Der Anis ist eine einjährige, etwa 20 bis 50 Zentimeter hohe Pflanze mit aufrechtem Stängel und vielfältig geformten Blättern. Die doldigen Blütenstände sind weiß. Im Spätsommer entwickeln sich daraus zweiteilige, eiförmige Spaltfrüchte, die von einem Flaum aus grauen Härchen bedeckt sind. Beim Sammeln von Anis in der freien Natur muss man aufgrund der Ähnlichkeit mit dem giftigen Schierling sehr vorsichtig sein. Unterscheidungsmerkmale sind der kräftig aromatische Geruch von Anis und die gerade verlaufenden gelben Rippen seiner Früchte.

Geschichte

Der Name Anis geht, wohl aufgrund einer Verwechslung, auf das griechische Wort für Dill zurück. Die ursprüngliche Herkunft von Anis wird in China und im östlichen Mittelmeerraum vermutet. Heute wird das Gewürz weltweit in der gemäßigten Klimazone und in sonniger Lage angebaut. Bereits die alten Ägypter haben Anis als Heilpflanze geschätzt. Griechen und Römer liebten Brote und Kuchen mit diesem Gewürz bei ihren Festlichkeiten, zum Beispiel bei den Gla-

diatorenkämpfen. Das Öl wurde zu Parfums verarbeitet und war ein begehrtes Handelsgut. Auch im deutschsprachigen Raum verwendete man Anis, etwa für Opferspeisen bei Frühjahrs- und Erntedankritualen oder für Hochzeiten. Er galt als Aphrodisiakum und zu Samhain, dem Vorabend zu Allerheiligen, am 30. November (in Böhmen auch als *Anischtag* bekannt), sollte er speziell zauberkräftig sein.

Inhaltsstoffe und körperliche Wirkung

Anis besitzt einen hohen Gehalt an ätherischen Ölen (vor allem Anethol), die ähnlich wie die von Sternanis oder Fenchel riechen. Die Inhaltsstoffe regen den Magen-Darm-Trakt an, lösen Krämpfe und mildern Blähungen. In der Volks- und besonders in der Kinderheilkunde wird Anis in Teemischungen gegen Bauchschmerzen und zur Aktivierung der Milchbildung in der Stillzeit eingesetzt. Verdünnt mit Sesam- oder Mandelöl kann das ätherische Öl bei Krämpfen auch direkt auf den Bauch eingerieben werden. Anis wirkt auch antibakteriell und schleimlösend bei Erkältungen der Atemwege. Seiner hautpflegenden Wirkung wegen ist es Bestandteil von Seifen gegen fettige Haut oder Akne.

Rezept: Stilltee

- Anis-, Kümmel- und Fenchelsamen zu gleichen Teilen mischen. Für eine Tasse Tee 1 TL im Mörser zerstoßen und mit heißem Wasser übergießen. 10 Minuten bedeckt ziehen lassen, dann abseihen.
- Morgens und abends eine Tasse Tee frisch zubereiten. Der Säugling nimmt die Inhaltsstoffe direkt über die Muttermilch auf. Auf diese Weise können schmerzhafte Blähungen gemildert werden.

Verwendung in der Küche

Der süßliche und leicht nach Lakritze schmeckende Anis verleiht herzhaften Broten und Weihnachtsgebäck ein typisches Aroma. Am besten kurz vor der Verwendung im Mörser zerstoßen. Anisaroma nutzt man auch bei beliebten Spirituosen wie Ouzo, Sambuca, Pastis oder Absinth. In den letzten Jahren wird der Anis zunehmend durch die ähnlich schmeckenden (jedoch nicht verwandten) und preisgünstigeren Früchte des Sternanisbaumes aus China ersetzt. Nicht so üblich, doch ebenfalls möglich ist der Verzehr der jungen Anisblätter im Salat.
Achtung: Anisöl nicht unverdünnt einnehmen oder auftragen. Gelegentlich kann das Gewürz allergische Reaktionen auslösen.

Rezept: Anis-Vanille-Kekse

- 2 EL Chiasamen in 6 EL Wasser quellen lassen. 1 gehäuften TL Anissamen im Mörser zerdrücken.
- 180 g Rohrzucker und 280 g Reismehl mit 1 TL Backpulver, ½ TL gemahlene Vanilleschote, einer Prise Salz und dem Anis vermengen. Die gequellten Chiasamen, je 150 ml gesüßtes Apfelmus und Rapsöl zugeben und alles gut verkneten.
- Zwei Bleche mit Backpapier auslegen. Mit einem TL kleine Teighäufchen darauf setzen. Bei 180 °C 10 – 15 Minuten backen, bis sich die Kekse zu bräunen beginnen.

Seelische Wirkung

Geschäftigkeit: ***»Es gibt immer etwas zu tun!«***

Anis löst Blockaden und hilft, in Fluss zu kommen.

Ritual: Aufgabe erledigen

- Nimm dir eine 15-minütige Auszeit. Schließ die Augen und verweile mit deiner Aufmerksamkeit bei deinem Atem. Spüre, wie dieser immer ruhiger und tiefer wird.
- Dann wende dich bewusst jenen Aktivitäten zu, die gerade in deinem Körper ablaufen: Pulsschlag, Darmbewegungen, Heben und Senken der Brust, feine Muskelveränderungen …
- Ruhige Gelassenheit und Aktivität schließen sich nicht aus, sondern sind gleichermaßen in deinem Körper vorhanden.
- Denke nun an eine Tätigkeit, die du schon länger vor dir herschiebst. Stelle Dir vor, wie du diese Aufgabe – dank des Anis – tatkräftig und gleichzeitig innerlich entspannt erledigst. Welche Schritte sind dafür notwendig? Dann nimm einen tiefen Atemzug und beginne mit dem Schritt, der dir am einfachsten erscheint.

Basilikum

Das Basilikum ist eine ein- oder mehrjährige Pflanze mit aufrechtem Stängel. Es wird 20 bis 50 Zentimeter hoch. Die Blätter sind eiförmig, vorne zugespitzt und mit glattem Blattrand. Im Hochsommer bildet es ährige, weiße Blütenstände aus. Basilikum wird in verschiedensten Kulturformen gehandelt, die sich durch ihren Duft, Farbe, Größe und die Anbaubedingungen unterscheiden. Die Sorte »Cinnamon« riecht beispielsweise zimtartig, Zitronenbasilikum wiederum nach Zitrusfrüchten.

Geschichte

Der Name Basilikum ist von dem griechischen Wort für »königlich« abgeleitet. Ursprünglich stammt es aus den (sub)tropischen Regionen Asiens. In Indien ist sein Anbau seit 3000 Jahren nachgewiesen und in der ayurvedischen Medizin kommt ihm traditionell eine wichtige Bedeutung zu: Unter anderem klärt es den Geist und verbessert es das Gedächtnis. Auf der körperlichen Ebene hilft es gegen Erkältungen und Husten. Auch im antiken Ägypten war es eine wichtige Heilpflanze, wie Funde in den Pyramiden bezeugen. Ausgehend von der griechischen und italienischen Küche ist Basilikum heutzutage in ganz Europa populär.

Inhaltsstoffe und körperliche Wirkung

Basilikum enthält mindestens 0,4 % ätherische Öle (in der Trockensubstanz), je nach Sorte mehr Linalool, Estragol, Eugenol, Cineol, Citral oder Metyhlcinneat. Weitere Inhaltsstoffe sind Terpene, Gerbstoffe, Flavonoide, Vitamin K, Eisen und Magnesium. Dadurch wirkt Basilikum antibakteriell und zellschützend. Außerdem ist Basilikum anregend für die Verdauungsorgane und die Libido, beruhigt die Nerven und lindert Migräne. In der Frauenheilkunde kann sein Inhaltsstoff Beta-Sitosterol, der dem Hormon Östrogen ähnlich ist, Wechseljahresbeschwerden und unregelmäßige Zyklen verbessern. Das herb riechende ätherische Öl stärkt die körperliche Abwehrkraft und ist ein natürliches Nerventonikum. Es wird auch bei Insektenstichen eingesetzt.
Achtung: Nicht in der Schwangerschaft anwenden!

Verwendung in der Küche

Normalerweise werden Basilikumblätter frisch geerntet gegessen. Sie entfalten dabei eine angenehm kühl-pfeffrige Note. Besonders beliebt ist bei uns die Kombination aus sonnengereiften Tomaten und Basilikum, zum Beispiel in italienischen Saucen. Auch im Garten vertragen sich die beiden Pflanzen vorzüglich. In Thailand wiederum verwendet man das süße, nach Anis schmeckende Basilikum (»Horapa«) für Green Curry, das Zitronige (»Maenglak«) für Fischgerichte und das Heilige Basilikum (»Krapao«) mit seinem pimentartigen Aroma für Stir-Fry-Speisen im Wok. Basilikum erst am Ende der Garzeit in den Topf geben.

Thai- und Heiliges Basilikum

Rezept: Basilikum-Pfirsich-Smoothie

- 1 Handvoll frische Basilikumblätter mit 3 reifen Weingartenpfirsichen, ½ grob geschälten Zitrone, 1 entkernten Dattel und 1 kleinen Glas Wasser in den Mixer geben.
- Alles fein pürieren und schluckweise genießen.

Rezept: Basilikum-Brennnessel-Pesto

- 3 Tassen frisch gepflückte Basilikumblätter mit einigen jungen Brennnesseltrieben mischen und in den Mixer geben. Dazu kommen ½ Tasse kalt gepresstes Olivenöl und ¾ Tasse Walnüsse.
- Gut pürieren, dann nach Geschmack salzen und in Gläser füllen. Mit einer dünnen Schicht Olivenöl bedeckt ist das Pesto im Kühlschrank mehrere Monate haltbar.

Seelische Wirkung

Durchhaltevermögen: ***»Ich bringe die nötige Kraft auf!«***
Basilikum stärkt Körper, Geist und Seele gleichermaßen. Es hellt die Stimmung auf und bringt uns dazu, uns bei längerfristigen Projekten immer wieder neu einzusetzen.

Ritual: »Krafttank-Ecke«

- Kaufe (oder ziehe) dir eine Basilikumpflanze und stelle sie mit einem schönen Übertopf an eine sonnige Fensterbank in deiner Wohnung.
- Erkläre den Ort zu deiner »Krafttank-Ecke« und halte ihn besonders sauber und übersichtlich.
- Jedes Mal, wenn du an einem längeren Projekt arbeitest oder Kraft für deinen Alltag brauchst, gehe vorbei, pflücke dir ein Blatt und nimm die »Grünkraft« der Pflanze bewusst in dir auf. Spüre, wie das Aroma deine inneren Ressourcen aktiviert und deinen Geist hellwach werden lässt.

Bockshornklee

Der Bockshornklee ist eine einjährige Pflanze mit aufrechtem, runden Stängel von ca. 50 Zentimeter Höhe. Die Blätter ähneln jenen des Rotklees. Die Blüten sind von gelblich-weißer Farbe und bilden nach der Befruchtung lange, dünne Hülsenfrüchte, welche der Pflanze ihren Namen eingebracht haben. Sie enthalten je 10 bis 20 Stück, unregelmäßig viereckig geformte Samen. Diese ähneln den Samen des verwandten Schabzigerklees. Die ganze Pflanze riecht sehr aromatisch, speziell die zerriebenen Samen.

Geschichte

Obwohl bei uns heutzutage eher unbekannt, hat der Bockshornklee eine sehr lange Geschichte als Gewürz vorzuweisen. Seine Kultivierung kann in Syrien bis 5000 v. Chr. nachgewiesen werden. In Ägypten schätzte man ihn in der Heilkunde und für kultische Zwecke. Auch in der TCM und im Ayurveda hat er eine lange Tradition. Sein lateinischer Artenname heißt übersetzt »griechisches Heu«, was auf den intensiven Geruch der Blätter zurückzuführen ist. In arabischen

Ländern ist er ein traditionelles Mittel gegen Haarausfall, Diabetes und viele andere Erkrankungen. Schon der Prophet Mohammed hat ihn empfohlen: »Wenn meine Leute wüssten, wie viel Heilkraft im Bockshornklee enthalten ist, dann würden sie ihn kaufen und sein Gewicht in Gold aufwiegen.« Hildegard von Bingen und Pfarrer Kneipp lobten beide seine Heilkraft bei Hautkrankheiten.

Inhaltsstoffe und körperliche Wirkung

Bockshornklee facht auf Grund der enthaltenen Bitterstoffe, Schleimstoffe und ätherischen Öle das »Magen-Feuer« an. Daher wird er bei Appetitlosigkeit, Untergewicht und Verdauungsbeschwerden eingesetzt. Gleichzeitig sorgt er für ein nachhaltiges Sättigungsgefühl und kann bei Übergewicht helfen, weniger zu naschen.

Enthaltene Phytohormone steigern bei Männern die körpereigene Testosteron-Produktion und damit den Muskelaufbau. In der Bodybuilding-Szene ist er unter seinem englischen Namen »Fenugreek« bekannt. Frauen verdanken seinen Phytohormonen eine bessere Milchbildung beim Stillen. Es ist wohl dem Zusammenspiel dieser pflanzlichen Hormone mit Vitaminen und Proteinen zu verdanken, dass Packungen und Spülungen aus Bockshornklee ein bewährtes Mittel bei Haarausfall sind.

Die Pflanze wirkt außerdem regulierend auf den Blutzuckerspiegel, den Blutdruck und die Cholesterinwerte.

Verwendung in der Küche

Die Samen des Bockshornklees schmecken bitter-aromatisch und erinnern an Sellerie. Sie sind in Indien und im Mittleren Osten ein wichtiges Gewürz, zum Beispiel als Hauptbestandteil des Currypulvers. Durch die trockene Röstung der Samen verstärkt sich der Geschmack und die Bitterkeit wird vermindert. Auch die Blätter des Bockshornklees finden, frisch oder getrocknet, vielfältige Verwendung in der

traditionellen Küche (siehe Rezept *Ghormeh Sabzi,* Seite 110). In Südtirol würzt man mit den Samen das traditionelle »Schüttelbrot«.

Rezept: Garam masala (»heißes Gewürz«)

Viele indische Familien haben ihr eigenes, traditionelles Rezept für Garam masala. Die Gewürzmischung wird unter anderem zum Aromatisieren von Gemüsecurrys verwendet.

- 1 EL Koriander, 1 TL Bockshornklee, je ½ TL Kreuzkümmel, schwarze Pfefferkörner und Piment in einer Pfanne unter Rühren und ohne Fett anrösten. Wenn sich der Koriander zu bräunen beginnt, 1 TL Kurkuma, die Samen von 5 Kardamomkapseln und ½ TL Chiliflocken zugeben. Umrühren, dann abkühlen lassen. Die Mischung mit dem Mörser zerdrücken oder in einer Gewürzmühle mahlen. Dann in einem Schraubglas dunkel aufbewahren oder gleich zum Kochen verwenden.
- Garam-masala-Rezepte sind variantenreich. Als weitere Zutaten kommen Gewürznelken, Zimt, Senfkörner, Ingwer, Curry und Lorbeerblätter in Frage – je nach persönlichem Geschmack.

Rezept: Bockshornkleesprossen

- Die Samen in einem Keimgerät in etwas Wasser einweichen. Nach 6 Stunden abgießen. Auf eine Fensterbank stellen und jeweils in der Früh und am Abend spülen.
- Nach 2 Tagen sind die Keimlinge essbereit. (Eine längere Keimdauer macht sie bitter.) Besonders in der kalten Jahreszeit wirken sie kräftigend und blutreinigend. Perfekt als würziges Topping für Salate oder Reis- und Nudelgerichte.

Seelische Wirkung

up to date: ***»Ich halte uns auf dem neuesten Stand!«***
Bockshornklee stärkt das Interesse für alles, was im unmittelbaren Erfahrungsfeld geschieht.

Ritual: ein Blick in die Runde

- Besuche eine große Einkaufsstraße, eine Fußgängerzone oder einen Marktplatz in deiner Nähe. Setze dich auf eine Bank und betrachte das Geschehen mit allen Sinnen: Welche Menschen kommen an diesen Ort? Was für Tätigkeiten führen sie aus? Welche Tiere und Pflanzen kannst du entdecken?
- Nun gehe einen Schritt weiter und frage dich: Wie ist die Stimmung hier? Welche Themen liegen bei den Menschen in der Luft? Wohin bewegt sich unsere Gesellschaft?

Chili

Der Chili, auch Paprika oder Peperoni genannt, ist eine 30 bis 150 Zentimeter hohe, mehrjährige Pflanze. Seine Blätter sind oval und länglich mit glattem Rand. In den Blattachseln bilden sich Blüten mit weißen Kelchblättern, aus denen nach der Befruchtung Früchte (Beeren, umgangssprachlich Schoten) wachsen. Diese werden in vielen Formen kultiviert: von länglich spitz bis kegelförmig oder kugelig. Ihre Farbe wechselt je nach Reifegrad von grün, violett und schwarz (unreife Früchte) bis rot, orange, gelb und weiß. Im Inneren der Früchte befinden sich glatte, nierenförmige Samen.

Geschichte

Die Heimat des Chili wird im Herzen Südamerikas vermutet. Vögel dürften die Samen dann in ganz Süd- und Mittelamerika verbreitet haben. Aus den kleinfrüchtigen Wildformen kultivierte man eine Vielzahl an verschiedenen Sorten, erste Züchtungen werden auf 5000 v. Chr. geschätzt. Als der Seefahrer Christoph Kolumbus um 1500 n. Chr. die ersten Chilis nach Europa brachte, nannte er sie »Pimienta« (nach dem schwarzen Pfeffer). Daher leitet sich sein englischer Name »pepper« ab, aber auch »Paprika« (von »Pàpar«, dem ungarischen Begriff für Pfeffer). Das Wort »Chili« hingegen geht direkt auf die Sprache der mexikanischen Azteken zurück.

Inhaltsstoffe und körperliche Wirkung

Je nach Sorte und Reifegrad gibt es große Unterschiede in der Schärfe der Früchte, die vor allem auf den Inhaltsstoff Capsaicin zurückzuführen sind. Die Sorte »Habanero« enthält beispielsweise bis zu 3 % Capsaicin, unser Gemüsepaprika dagegen nahezu keines. Während andere Gewürze die Geschmacksnerven auf der Zunge stimulieren, verursacht Capsaicin einen Schmerz- und Hitzereiz im Mundraum. Dieser bewirkt eine Ausschüttung von Endorphinen im Körper, womit oft Glücksgefühle einhergehen. Gleichzeitig wird die Schweißproduktion des Körpers angeregt. Der anschließende Abkühlungseffekt ist speziell in heißen Gegenden beliebt.

In der Medizin wird Capsaicin gegen rheumatische Schmerzen, bei Hexenschuss, Migräne und Neuralgien eingesetzt (»Wärme-Pflaster«). Es regt die Durchblutung der betroffenen Stellen an. Außerdem unterstützt es beim Abnehmen. Doch alles mit Maß und Ziel: Zu scharfes Essen kann die Verdauungsorgane irritieren und zu Gastritis führen.

Neben Capsaicin enthalten Chilis eine Menge an Vitamin C, Flavonoiden und Carotinoiden, die das Immunsystem stärken.

Verwendung in der Küche

Chilis sind aus der traditionellen mexikanischen, thailändischen oder indischen Küche nicht wegzudenken. Zu den bekanntesten Würzsaucen mit Chili zählen Sambal Oelek (Indonesien), Ajvar (Südeuropa), Harissa (Nordafrika), Tabasco (USA) und Mojo (Kanaren, siehe Rezept von *Mojo verde* auf Seite 167). In Europa ist pulverisierter Paprika als traditionelles, ungarisches Gewürz beliebt, zum Beispiel im »Gulyas« (Gulasch). Man unterscheidet verschiedene Schärfegrade: von süßem Paprikapulver bis zu Cayennepfeffer. Je schärfer das Gewürz, desto später sollte es in den Topf gelangen. Süßes Paprikapulver besser nicht in heißem Öl erhitzen, da es bitter wird.

Achtung: Bei der Verarbeitung von großen Chili-Mengen Einmalhandschuhe tragen oder die Hände danach mit Zitrone, Essig oder

Öl reinigen. Capsaicin ist nicht wasserlöslich und wird daher durch Händewaschen nicht gründlich entfernt. Wie bei allen Nachtschattengewächsen können beim Paprika nur die Früchte gegessen werden, alle anderen Pflanzenteile sind leicht giftig.

Rezept: Harissa (Chili-Würzpaste)

- 60 g getrocknete Chilischoten und 1 frische, rote Paprikaschote halbieren und entkernen. Mit kochendem Wasser übergießen, 20 Minuten ziehen lassen, dann trocken tupfen.
- 3 Knoblauchzehen schälen. Je 1 TL Koriandersamen, Kreuzkümmel und Meersalz im Mörser zerdrücken und zusammen mit 100 ml Olivenöl mit dem Stabmixer zu einer dicken Paste pürieren. In Gläser füllen und mit Olivenöl übergießen. Hält im Kühlschrank etliche Wochen. Als Marinade für Tofu oder Salate. Nach Geschmack mit Wasser, Olivenöl und Zitronensaft verdünnen.

Rezept: Letscho mit Polenta

- 2 große Zwiebeln fein hacken. 6 Paprikaschoten und 1 Chilischote halbieren und entkernen. Die Paprika in Streifen schneiden und die Chilihälften fein hacken. Die gehackten Zwiebeln in etwas Öl goldbraun rösten, Paprika und Chili zufügen und alles gut anbraten. 3 reife, in Würfel geschnittene Tomaten (oder 1 Dose Pizzatomaten) zugeben und 30 Minuten leicht köcheln lassen. Mit Salz und Thymian abschmecken.
- Für die Polenta 1 Tasse Maisgrieß mit 2 Tassen Wasser aufgießen und unter Rühren 10 Minuten leicht köcheln lassen. Mit geriebener Muskatnuss und Salz abrunden und abgedeckt weitere 10 Minuten ziehen lassen. Entweder den Brei in Nockenform zum Letscho genießen oder auf ein Backblech streichen und fest werden lassen. Dann in Rauten schneiden und in heißem Olivenöl goldbraun rösten.

Seelische Wirkung

der Wachtmeister: ***»An mir kommt keiner vorbei!«***
Chili macht präsent und schärft die Sinne.

Ritual: Hören im Wald

- Suche dir einen geschützten Ort in einem nahe gelegenen Wald (vielleicht bei einem großen Baum oder in einer Lichtung). Schließe die Augen und atme zunächst tief in deinen Bauch. Lasse deine Gedanken immer mehr zur Ruhe kommen.
- Wenn du dich gut zentriert fühlst, dann wende deine Aufmerksamkeit (mit geschlossenen Augen) deiner Umgebung zu: Was kannst du hören? Wind in den Blättern, Tierbewegungen, Geräusche von Maschinen …? Welche Töne kommen aus der Nähe, welche von fern?
- Nimm ein möglichst vollständiges »360°-Hörbild« auf, bevor du anschließend wieder die Augen öffnest. Jetzt gleiche deine Eindrücke mit dem ab, was du rund um dich sehen kannst. Wenn du Lust hast, mache diese Übung zum Vergleich auch einmal in einem belebten Bahnhof, wenn du auf den Zug wartest.

Dill

Dill, auch Gurkenkraut genannt, ist eine einjährige, aufrechte Pflanze von 50 bis 100 Zentimeter Höhe. Sein Stängel ist zylinderförmig und innen hohl. Die fein gefiederten Blättchen verzweigen sich meist mehrfach. Im Sommer erscheinen kleine gelbe Blüten auf großen strahlenförmigen Dolden. Sie ziehen viele Kleininsekten an. In der Folge bilden sich eiförmige Spaltfrüchte. Dill ist wenig anspruchsvoll und lässt sich im Garten gut anbauen. Von anderen Doldenblütlern kann man ihn am besten anhand seines charakteristischen, aromatischen Geruchs unterscheiden.

Geschichte

Die Heimat des Dill liegt wahrscheinlich in Vorderasien. Schon im alten Ägypten schätzte man ihn als Gewürz- und Ritualpflanze. Pharao Amenophis II. ließ sich mit dem aromatischen Kraut sogar bestatten. Die römischen Gladiatoren rieben ihre Körper vor dem Kampf mit Öl aus Dillsamen ein, damit sich Verletzungen der Haut nicht so leicht entzünden. Im westlichen Alpenraum kennt man Dill seit mindestens 5000

Jahren. Sein Name soll sich vom altnorwegischen Wort »dilla« (einlullen, besänftigen) ableiten.

Inhaltsstoffe und körperliche Wirkung

Gartendill enthält über neunzig verschiedene Inhaltsstoffe, darunter 2 – 4 % ätherische Öle (vor allem Carvon, auch Limonen und Dillapiol). In den Früchten ist der Gehalt an ätherischen Ölen besonders hoch. Sie sind für das typische Aroma zuständig, wirken entzündungshemmend und abschwellend. Beachtlich ist auch der Gehalt an Calcium, Zink, Eisen, Jod und Carotinoiden. Ähnlich wie beim Kümmel hilft ein Teeaufguss mit Dillsamen, Verdauungsstörungen zu lindern. Dill wirkt auch beruhigend für die Nerven und fördert den Schlaf. Bei Prellungen kann aus den Früchten mit Wasser ein Sud gekocht und dieser als Kompresse aufgelegt werden. Als warmes Sitzbad wird er bei Unterleibskrämpfen angeraten.

Verwendung in der Küche

In der Küche wird mit frischem, eingefrorenem oder getrocknetem Dill gewürzt, zum Beispiel in Saucen oder Salaten. Bei gekochten Speisen die Dillspitzen erst gegen Ende der Garzeit zufügen. Besonders beliebt ist die Kombination mit Kartoffeln oder Gurken. Als schwedischer Klassiker gilt die Dill-Senf-Sauce zum Lachs. Dillspitzen werden auch gerne beim sauren Einlegen von Gartengemüse in die Gläser gegeben.

Rezept: traditionelle Dillsauce

- 1 Bund frischen Dill von den groben Stängeln befreien und grob hacken. 2 EL Sonnenblumenöl in einem Topf erhitzen. 2 EL Mehl zugeben und unter Rühren mit 350 ml Wasser aufkochen lassen.
- Etwas vegetarische *Suppenbrühe* (Rezept siehe Seite 105) und den gehackten Dill zur Brühe geben und kurz köcheln lassen. Mit Salz, Pfeffer, etwas Zitronensaft und 100 ml Sojasahne verfeinern. Passt gut zu Kartoffeln.

Rezept: erfrischender Gurken-Fenchel-Salat

- ½ Salatgurke und ½ Fenchelknolle mit einem scharfen Messer in feine Scheiben schneiden.
- Abwechselnd auf Teller schichten und mit einer Marinade aus frisch gepresstem Zitronensaft, Olivenöl, Dillspitzen und einer Prise Salz übergießen.

Seelische Wirkung

die Glucke: ***»Ich schütze junges Leben!«***

Dill schafft eine zarte, behütete Atmosphäre, in der alles Heranwachsende aufblühen kann.

Ritual: das Zarte nähren

- Streue Dillsamen in ein Beet in deinem Garten oder baue ihn in einem Topf auf der Fensterbank an. Sieh zu, dass es ihm an nichts fehlt und beobachte ihn beim Wachsen.
- Wenn die Triebe stark genug geworden sind, dann nimm sie behutsam zwischen deine Hände. Fühle ihre zarte und gleichzeitig kraftvolle Ausstrahlung.
- Du kannst die Übung auch mit zarten, jungen Baumblättern oder Blütenknospen machen. Spüre dabei deine Bereitschaft, achtsam mit jungem Leben umzugehen.

Galgant

Der Echte Galgant ist eine mehrjährige Pflanze von bis zu 1,5 Metern Höhe. Seine Blätter sind schmal und 20 bis 30 Zentimeter lang. Die weißlichen Blüten sitzen in traubigen Blütenständen. Nach der Befruchtung bilden sich kugelrunde, rote Kapselfrüchte aus. Als Gewürz werden die horizontal wachsenden Rhizome (Überdauerungsorgane) verwendet, die bis zu einem Meter Länge aufweisen. Neben dem Echten Galgant existieren etwa 40 weitere Sorten, darunter der Thai-Ingwer (»Galangawurzel«, lat. *Alpinia galanga)*.

Geschichte

Die Heimat des Galgant ist Südostasien. In der »Sammlung von Rezepten berühmter Ärzte« aus dem alten China (ca. 500 n. Chr.) wurden seine heilerischen Fähigkeiten erstmals schriftlich niedergelegt. Nach Europa kam er im frühen Mittelalter durch arabische Kaufleute. In den letzten Jahrzehnten erlebte das Gewürz, das bei uns ziemlich in Vergessenheit geraten war, eine neue Renaissance durch die sogenannte »Hildegard«-Medizin. Denn für die deutsche

Mystikerin Hildegard von Bingen war Galgant nicht nur ein elementares Küchengewürz, sondern auch ein universales Heilmittel fürs Herz.

Inhaltsstoffe und körperliche Wirkung

Das Rhizom des Echten Galgant enthält neben Stärke 1 – 2 % ätherische Öle (vor allem Cineol, alpha-Pinen, Eugenol und Kampfer) sowie Gerbstoffe und Flavonoide. Aufgrund der Schärfe entsteht ein anregender, wärmender Einfluss auf den ganzen Organismus. Die Verdauungsprozesse werden aktiviert und Krämpfe im Bauchbereich können sich lösen. Auch wirkt Galgant nachweislich antibakteriell und pilzwidrig. Ärzte der »Hildegard-Medizin« verweisen besonders auf seine herzstärkende Wirkung und setzen ihn bei Schwäche, Schwindel und Durchblutungsstörungen ein. Neuere Untersuchungen bestätigen ihm auch tumorhemmende Eigenschaften.
Achtung: Galgant ist für Schwangere nicht geeignet.

Tipp: Hilfe bei Kreislaufschwäche

1 – 2 Messerspitzen Galgant einnehmen (zum Beispiel auf einer Scheibe Brot) oder in Himbeersaft einrühren. Für Kinder Galgant sparsam verwenden und mit geriebenen Fenchelsamen mischen.

Verwendung in der Küche

Das aromatisch-süßliche und leicht scharfe Gewürz erinnert an Pfeffer. Als Gewürz wird meist das Rhizom verwendet, obgleich auch die Blätter und Samen essbar sind. In der Hildegard-Küche kombiniert man Galgant gerne mit Bertram, einem neutral schmeckenden Kraut aus der Familie der Korbblütler. Er ist auch als Bestandteil von Kräuterlikören zur Anregung der Verdauung bekannt (Schwedenbitter). In frischer Form spielt er in der thailändischen Küche eine wichtige Rolle und wird anstelle von Ingwer eingesetzt (siehe Rezept *Tom Yum,*

Seite 90). Man findet ihn auch im Nasi Goreng (indonesisches Reisgericht) und in südostasiatischen Currypasten. Galgant kann bereits am Anfang des Kochvorgangs zugegeben werden, da er beim Erhitzen sein Aroma behält.

Rezept: Habermus nach Hildegard von Bingen

- 1 Tasse Dinkelflocken (Alternative: Hirseflocken) mit 2 Tassen Wasser erhitzen.
- 1 bis 2 geriebene Äpfel, etwas Galgant, Bertram (ist meist in Hildegard-Würzmischungen enthalten/optional) und Zimt zugeben und bei kleiner Hitze 10 Minuten köcheln lassen.
- Nach Wunsch mit Reis- oder Ahornsirup süßen und mit Mandelblättchen bestreuen. Als warmes Frühstück in der kühlen Jahreszeit genießen.

Seelische Wirkung

Heile Welt: ***»Ich lasse meine Bewertungen los!«***

Galgant heilt unser Herz, indem er hilft, die Spaltung in Gut und Böse aufzuheben.

Ritual: »Heute ist die Welt heil!«

- Wähle einen konkreten Tag für dieses Experiment mit dir selbst aus. Lebe von der Minute des Aufwachens bis zum Abend so, als ob die Welt, in der du lebst, in Ordnung sei. Sobald dir auffällt, dass du bewertenden Gedanken folgst, halte inne – stopp! Komme zurück in deine Mitte.
- Verzichte an diesem Tag auf Medienkonsum, Klatsch und Tratsch oder Nachrichten aus Kriegsgebieten. Halte Telefonate und Gespräche mit anderen Menschen kurz, die dir über den schlechten Zustand der Welt erzählen wollen. Komme stattdessen immer wieder in den Augenblick zurück, in dein Leben im Hier und Jetzt.
- Beim Zubettgehen spüre nach, wie es dir geht.

Gewürznelke

Der Gewürznelkenbaum ist ein immergrüner Baum von bis zu zehn Metern Höhe. Seine Blätter sind ledrig und länglich-elliptisch mit starker Längsfurche. Auf der Oberseite glänzen sie grün, unterseits sind sie blass. Die Blüten besitzen einen dunkelrot gefärbten Blütenboden und sind in Trugdolden angeordnet. Zahlreiche haarförmige Staubfäden ragen aus den Blütenkelchen. Die Früchte sind längliche, braune Beeren mit jeweils einem Samen. Als Gewürz werden die getrockneten Blütenknospen verwendet.

Geschichte

Die Gewürznelke stammt ursprünglich von den Molukken (Gewürzinseln), die zu Indonesien gehören. In Indien verwendete man sie bereits 1600 v. Chr. als Heilmittel. Nach Europa wurde sie erst im frühen Mittelalter von arabischen Kaufleuten gebracht und galt lange als eines der teuersten Gewürze. Zur Zeit von Pest und Cholera schätzte man ihre desinfizierende Wirkung, und Ärzte nahmen bei Krankenbesuchen oft eine Nelke in den Mund. Aufgrund ihrer Form wird sie auch »Näglein«

oder »Nägeli« (Schweizerdeutsch) genannt und gilt als Symbol des Leidenwegs Christi. Heute werden Gewürznelken auf den Molukken, in Madagaskar, Sansibar und anderen tropischen Regionen angebaut.

Inhaltsstoffe und körperliche Wirkung

Getrocknete Gewürznelken weisen einen hohen Anteil an ätherischen Ölen auf (mindestens 15 %), wobei Eugenol der Hauptbestandteil ist. Außerdem beinhalten sie Flavonoide (Quercetin und Kämpferol), Gerbstoffe und Triterpene. In zahlreichen Untersuchungen konnte die antibakterielle, antivirale und pilzwidrige Wirkung des Gewürzes bestätigt werden (zum Beispiel gegen Herpes-Viren). Es leistet bei Entzündungen im Mund- und Rachenraum und in der Zahnheilkunde gute Dienste. Bei Insektenstichen hilft das mehrmalige Einreiben der Einstichstelle mit Nelkenöl. Gewürznelken sollen auch appetitanregend, verdauungsfördernd und aphrodisierend wirken. Achtung: Das ätherische Öl kann zu allergischen Reaktionen führen. In der Schwangerschaft soll es wehenfördernd wirken.

Tipp: Hilfe bei Zahnschmerzen

Als Sofortmaßnahme einfach eine Nelke zwischen den Zähnen halten und leicht ankauen.

Verwendung in der Küche

Der fruchtig-scharfe, pfeffrige Geschmack der Gewürznelke ist für Süßspeisen (Lebkuchen, Weihnachtsgebäck), Kompotte, Chutneys und Wildgerichte beliebt. In Orangen gesteckte Nelken beduften die adventliche Stube. Um die Qualität von Gewürznelken festzustellen, gibt man sie in Wasser: minderwertige, teilentölte Nelken schwimmen waagrecht auf der Oberfläche, während jene mit hoher Qualität und vollem Ölgehalt absinken oder senkrecht im Wasser stehen. Die Nelken sollen außerdem unversehrt aussehen und auf Druck mit den Fingernägeln etwas Öl aussondern.

Rezept: chinesisches 5-Elemente-Gewürz

- Gewürznelken, Sternanis, Szechuanpfeffer, Zimt (Cassiarinde) und Fenchelsamen in einer Gewürzmühle mahlen oder im Mörser fein zerstoßen. Das Verhältnis der einzelnen Gewürze wird dabei 1:1 genommen oder nach persönlichem Geschmack abgewandelt. Am besten frisch verwenden, sonst luftdicht und dunkel lagern. Um das Aroma zu verstärken, kann das Pulver in einer trockenen Pfanne vorsichtig geröstet werden.

Rezept: Muskatkürbis im 5-Elemente-Mantel

- Ein Stück aromatischen, frischen Kürbis schälen, entkernen und in gleichgroße Stücke teilen. Diese in feine Scheiben schneiden. Für die Panade 1 – 2 EL Maisstärke mit wenig Wasser in einer Schüssel anrühren. In einer zweiten Schüssel Maispaniermehl mit einer Prise 5-Elemente-Gewürz und Salz verrühren.
- Nun die Kürbisstücke zunächst in der Wasser-Stärke-Mischung anfeuchten und dann im Paniermehl wälzen.
- In einer Pfanne mit Öl beidseitig goldgelb backen. Dazu passt eine helle Sauce mit Sonnenblumenkernen (siehe *Spinat-Mangold-Frittata,* Seite 130 oder *vegane Mayonnaise*, Seite 82) und Salat.

Seelische Wirkung

Herzenskontakt: ***»Ich lasse mich von dir berühren!«***

Die Gewürznelke hilft mir, in Begegnungen authentisch und gleichzeitig offen zu sein.

Ritual: Augenkontakt

- Setze dich zunächst vor einen Spiegel und schaue dir selbst mit weichem Blick in die Augen. Wenn Gedanken kommen, so nimm sie wahr und lass sie wieder ziehen. Erlebe über deine Augen die Verbindung mit deinem Wesen.
- Nun probiere die Übung mit deinem Partner, einer Freundin, einem Freund oder auch mit einer Person, die du nicht so gut kennst. Besprecht die Spielregeln: 10 Minuten Blickkontakt halten ohne Worte oder Berührung. Um ein Gefühl für die Zeit zu haben, könnt ihr zum Beispiel ein leises Musikstück in der besprochenen Länge abspielen. Danach gibt es die Möglichkeit, sich über das Erlebte auszutauschen oder es einfach so stehen zu lassen. Durch Augenkontakt wird Intimität hergestellt, ein geschützter, »heiliger« Raum.

Leonardo da Vinci: Mona Lisa (1503 – 1506)

Ingwer

Der Ingwer ist eine mehrjährige Pflanze von bis zu 1,5 Metern Höhe. Durch seine langen, schmalen Blätter und den dicken Stängel erinnert er an das heimische Schilf. Als Überdauerungsorgan bildet Ingwer ein mehrfach verzweigtes, fleischiges Rhizom aus, das sich in der Erde waagrecht ausbreitet. Der bis zu 25 Zentimeter lange, unscheinbare Blütenstand entspringt direkt aus dem Rhizom. Er bildet in der Folge Kapselfrüchte mit schwarzen Samen aus.

Geschichte

Ursprünglich stammt der Ingwer wahrscheinlich aus dem südchinesischen Raum, wo er seit mindestens 5000 Jahren als Gewürzpflanze und zur Herstellung von Arzneien verwendet wird. Auch auf den pazifischen Inseln ist er heimisch und wurde von Fischern traditionell zur Vorbeugung gegen Seekrankheit eingenommen. Nach Deutschland kam die Pflanze erstmals im 9. Jahrhundert. Heute wird sie in vielen (sub-)tropischen Gebieten der Welt angebaut.

Inhaltsstoffe und körperliche Wirkung

Das frische Rhizom enthält 1 – 3 % ätherische Öle, darunter besonders Zingiberen. Der scharfe Geschmack wird durch Gingerol erzeugt. Da sich diese bei längerer Lagerung in mildere Shogaole umwandeln, kann man anhand der Schärfe des Rhizoms auch auf seine Frische schließen. Frischer Ingwer ist tendenziell schärfer. Weitere Inhaltsstoffe (Borneol, Cineol) regen die Verdauungssäfte, Appetit und Durchblutung an. Ingwer hat allgemein eine bakterien- und virenhemmende Wirkung. Seine Wirkung gegen Entzündungen und Schmerzen ist denen des Aspirin ähnlich. Er hilft gegen Übelkeit und Erbrechen nach Operationen, während der Chemotherapie oder bei Reisekrankheit. Laut ayurvedischer Medizin soll er das innere schöpferische Feuer anfachen. In Japan sind besonders dicke Ingwerstücke als Aphrodisiakum beliebt.

Tipp: schnelle Hilfe bei Reisekrankheit, Migräne und Verkühlungen

Bei Übelkeit im Auto ein Säckchen kandierten Ingwer dabei haben und bei Bedarf ein Stück kauen. Bei Migräne als einfache Sofortmaßnahme ein Stückchen Ingwerwurzel kauen. Ein Tee aus frisch geriebenem Ingwer und Zitronensaft hilft bei beginnender Erkältung.

Verwendung in der Küche

Mit seinem erfrischenden, zitronenartigen Geruch und dem süßlichscharfen Geschmack ist Ingwer ein Universalgewürz. Er passt sowohl zu pikanten als auch zu süßen Speisen: würzige Suppen, Sushi, Kuchen (Gingerbread) und Getränke (Gingerale). Man findet ihn getrocknet und gerieben in vielen Gewürzmischungen (zum Beispiel Lebkuchengewürz, siehe Piment). Besonders beliebt ist er in der asiatischen Küche, doch mittlerweile findet man die frische Knolle auch bei uns in vielen Läden. Neben dem Rhizom kommen in den Ursprungsländern auch die frischen Blätter zum Einsatz.

Rezept: Gari – eingelegter Ingwer

- 200 g frischen Ingwer fein abschälen und in hauchdünne Scheiben schneiden (Sparschäler). Kurz in kochendem Wasser blanchieren, abgießen und gut abtropfen lassen.
- 2 EL Zucker und 1 TL Salz in 100 ml Reisessig verrühren. Ingwerscheiben in ein Schraubglas füllen und mit der Marinade übergießen. 1 Woche im Kühlschrank ziehen lassen.

Rezept: Uramaki mit Ingwer

- 200 g Sushi-Reis gut waschen und mit 300 ml Wasser 10 Minuten einweichen. Dann aufkochen und mit geschlossenem Deckel bei kleiner Hitze 15 Minuten köcheln lassen. Von der Herdplatte nehmen und weitere 20 Minuten quellen lassen. 1 – 2 EL Reisessig, 1 TL Reissirup und 1 TL Salz in einer Schüssel verrühren und mit dem Reis vermischen. Auskühlen lassen.
- 1 Salatgurke der Länge nach halbieren und die Kerne mit einem Löffel herauslösen. 1 Avocado schälen, entkernen und mit Zitronensaft beträufeln. Die Gurke und die Avocado in feine Streifen schneiden und diese in gleichmäßige Stücke teilen. Eine Bambusmatte mit Frischhaltefolie umwickeln. 1 Nori-Algenblatt darauf legen und mit 1 Handvoll Reis gleichmäßig bedecken. Darüber geröstete Sesamkörner und eventuell etwas Chilipulver streuen und gut andrücken. Das Nori-Blatt wenden, so dass die Sesamschicht auf der Frischhaltefolie liegt. Mittig Gurken- und Avocadosticks auflegen.
- Nun die Matte vorsichtig aufrollen und dabei immer wieder mit den Fingern kompakt zusammenpressen. Mit einem scharfen, feuchten Messer in 6 – 8 gleich große Teile schneiden. Sojasauce in ein kleines Schälchen geben und etwas Wasabi-Paste (siehe Meerrettich) hineinrühren. Dazu eingelegten Ingwer und Grünen Tee reichen.

Seelische Wirkung

materielle Welt: ***»Durch Gegensätze erfahre ich mich selbst!«***
Ingwer verstärkt die eigene »Erdung«. Er versöhnt mit dem oftmals rauen Dasein hier auf der Welt.

Ritual: alle Geschmäcker durchkosten

- Lade Freunde ein und bereitet gemeinsam ein vielfältiges Fingerfood-Buffet vor, zum Beispiel mit japanischen Uramaki (Rezept siehe Seite 74), Trockenobst … Achtet darauf, dass alle Geschmacksrichtungen in den ausgewählten Speisen zu finden sind.
- Schalte meditative japanische Flötenmusik ein und bitte deine Freunde, ab nun nicht mehr zu sprechen. Setzt euch jeweils zu zweit gegenüber und nehmt einen Teller mit Häppchen zwischen euch. Verbindet euch die Augen und beginnt euch gegenseitig zu füttern. Versucht dabei wenig zu sprechen, um die Aufmerksamkeit bei den vielfältigen Geschmacksreizen zu behalten. Jeder Bissen verdient es, genussvoll ausgekostet zu werden.

Kakao

Der Kakaobaum ist ein immergrüner, kleinerer Unterholzbaum mit großen, ganzrandigen Blättern. Die kleinen Blüten wachsen direkt am Stamm und an den Ästen und werden von Mücken bestäubt. Einige davon bilden große Steinfrüchte aus, deren Samen die begehrten Kakaobohnen sind. Bei der Ernte werden die Früchte mit Macheten vom Baum geschlagen, geöffnet und in der Sonne getrocknet. Dabei beginnt das Fruchtfleisch zu fermentieren und die darin eingebetteten Bohnen entwickeln ihren typischen Geschmack. Nach der Trocknung werden sie geröstet (außer bei Rohkakao), gemahlen und weiterverarbeitet, zum Beispiel zu Schokolade oder Kakaobutter.

Geschichte

Die Heimat des Kakaobaumes liegt in den Regenwäldern Süd- und Mittelamerikas. Ursprünglich wurde das zuckerhaltige Fruchtfleisch zu Alkohol vergoren. Später lernte man, aus den gemahlenen Bohnen mit Chili, Vanille und Honig ein würziges Getränk zuzubereiten (»Xocolatl« in der Sprache der Azteken). Um 500 v. Chr. gab es bereits riesige Plantagen im Tiefland des heutigen Guatemalas. Die Bohnen waren nach Überlieferung der Maya göttlichen Ursprungs

und wurden auch als Zahlungsmittel und Opfergabe verwendet. Im 16. Jahrhundert brachten spanische Seefahrer die Bohnen dann nach Europa. Die erste Tafelschokolade wurde 1848 von einer englischen Firma hergestellt. Nur ein Bruchteil der weltweit gehandelten Schokolade kommt bisher aus fairem Handel. Kinder- und Sklavenarbeit sind leider noch immer an der Tagesordnung!

Inhaltsstoffe und körperliche Wirkung

Schon Alexander von Humboldt schrieb um 1800 begeistert: »Kein zweites Mal hat die Natur eine solche Fülle der wertvollsten Nährstoffe auf einem so kleinen Raum zusammengedrängt wie gerade bei der Kakaobohne.« Und in der Tat gehört Rohkakao zu den vitalstoffreichsten Lebensmitteln überhaupt. Er enthält an die 300 unterschiedliche Inhaltsstoffe, darunter Tryptophan, Anandamid, Theobromin und Phenylethylamin (u.a. für gute Stimmung verantwortlich), Magnesium und eine Fülle an Antioxidantien. Rohkakao wirkt anregend, stimmungsaufhellend und wurde früher als Aphrodisiakum eingesetzt. Außerdem senkt er den Blutdruck, verbessert die Gehirnleistung und wirkt Krebs entgegen. Achtung: Sowohl die gemeinhin übliche Röstung als auch der gleichzeitige Verzehr von Milch hemmen die vitalisierende Wirkung von Kakao.

Die Kakaobutter hat eine hautpflegende Wirkung, sie wird in Körpercremes, Badezusätzen, Seifen und Lippenpflegestiften eingesetzt.

Verwendung in der Küche

Den besten Gesundheitseffekt erhält man bei Verwendung von Rohkakao oder Kakaonibs aus dem Bioladen, zum Beispiel für Getränke und Konfekt in Rohkostqualität. In der Küche der Ursprungsländer wird Kakao auch für pikante Speisen eingesetzt, in Mexiko etwa im Chili con carne. Kakaobutter wird in der Lebensmittelindustrie zur Herstellung von weißer Schokolade und Nugat genutzt.

Rezept: Xocolatl-Vitaldrink

- In einer Tasse 2 TL Rohkakao, 1 TL Agavendicksaft oder Honig, 1 Msp. gemahlene Vanilleschote, 1 TL Kokosöl und optional 1 TL geriebene Macawurzel mit mäßig erhitztem Wasser übergießen.
- Um die vitalisierende Qualität aller Inhaltsstoffe zu erhalten, sollte die Temperatur 50 °C nicht übersteigen. Gut umrühren, eventuell mit pflanzlicher »Sahne« verfeinern, und schluckweise genießen.

Rezept: Erdmandel-Pralinen

- Mit dem Stabmixer 100 g entkernte Datteln, 100 ml Wasser und 1 TL gemahlene Vanilleschote zu einer Creme pürieren. Etwa 5 gehäufte EL gemahlene Erdmandeln (Reformhaus) einrühren, bis ein gut formbarer Teig entsteht.
- Kleine Kugeln rollen und diese in Rohkakao wälzen. Im Kühlschrank ist das Konfekt mehrere Tage haltbar.

Seelische Wirkung

Ritual: ***»Ich bin Erde und Geist!«***

Kakao stärkt die Verbindung zu Mutter Erde und zum eigenen Körper.

Ritual: Trommeln für Mutter Erde

- Wähle eine Vollmondnacht aus, um dich mit Gleichgesinnten an einem ungestörten Ort in der Natur zu treffen. Sorge dafür, dass einige Personen mit Trommelgrundkenntnissen dabei sind. Setzt euch im Kreis und eröffne den Abend mit einer Geschichte über Mutter Erde aus der indianischen Tradition.
- Gib einen einfachen Rhythmus vor, in den alle einstimmen können. Verwendet Trommeln und einfache Rasseln (zum Beispiel Büchsen mit Steinchen). Lasst eure Hände klatschen, die Füße stampfen und der Stimme freien Lauf.
- Bei diesem Ritual geht es nicht um künstlerische Melodien, sondern um die Hingabe an einen gemeinsamen Trancezustand. Dieser stellt sich durch die sich wiederholenden Rhythmen mit der Zeit wie von selbst ein und bewirkt ein Gefühl des Dazugehörens.

Kaper

Der Echte Kapernstrauch ist ein bis zu einem Meter großes Strauchgewächs mit langwachsenden, dornigen Ästen. Seine blaugrünen Blätter sind fleischig, ledrig und rundlich. Die filigranen weißen oder rosa Schalenblüten besitzen auffallend lange lila Staubfäden. Sie öffnen sich nur einmal frühmorgens und sind zu Mittag schon abgestorben. Nach der Befruchtung bilden sich rötlich-grüne Früchte mit vielen Samen aus. Sowohl die erbsengroßen Kapern (geschlossene Blütenknospen) als auch die großen Kapernbeeren (Früchte) und Blätter sind roh ungenießbar. Sie müssen vor dem Verzehr angetrocknet und dann in Salz, Essig oder Öl eingelegt werden.

Geschichte

Der Kapernstrauch stammt ursprünglich aus den trockenen und sonnigen Gebieten Zentralasiens. Ausgrabungen in Syrien, Jordanien und der Türkei brachten 7000 Jahre alte Tontöpfe mit Kapern zutage. Die alten Griechen und Römer verwendeten sie gerne, zum Beispiel als Heilmittel gegen Milzbeschwerden. Sie sagten

ihnen aphrodisierende Wirkungen nach und eine Verbesserung der männlichen Samenqualität. Im Mittelalter waren eingelegte Kapern bei den Seeleuten als Schutz vor Skorbut, einer Vitamin-C-Mangelkrankheit, beliebt. Heute findet man den Strauch im ganzen Mittelmeerraum und im Nahen Osten, oft auch wildwachsend auf Müllhalden, am Wegesrand und Strand.

Inhaltsstoffe und körperliche Wirkung

Durch das Einlegen der Kapern entstehen Senfölglycoside und Caprinsäure, die für ihr typisches Aroma verantwortlich sind. Senfölglycoside sind auch in Zwiebeln und Kohlgewächsen zu finden und gelten als pflanzliche Probiotika. Durch ihre leichte Bitterkeit regen Kapern Appetit und Verdauung an. Sie enthalten auch sekundäre Pflanzenstoffe, die zellschützend wirken und das Immunsystem stärken sollen. In der Volksmedizin haben sich Kapern bei Rheumabeschwerden, Skorbut und Arteriosklerose bewährt.

Verwendung in der Küche

Je kleiner die Kaper, umso aromatischer und wertvoller ist sie gemeinhin. Sie verleiht vielen mediterranen Gerichten eine besondere Note, beispielsweise den »Spaghetti alla puttanesca« oder dem traditionellen »Vitello tonnato«. Für Originalrezepte des Mittelmeerraumes sollte man in Salz eingelegte Kapern verwenden. Sie müssen vor Gebrauch gut gewässert werden. Um ihr Aroma zu erhalten, gibt man Kapern erst am Ende der Garzeit hinzu. Auf Rhodos und anderen griechischen Inseln werden übrigens auch die eingelegten Blätter des Kapernstrauches als Spezialität gegessen.

Rezept: Antipasto mit Paprika und Kapern

- 3 rote oder orange Gemüsepaprika halbieren, entkernen und mit der Schnittkante nach unten auf ein Backblech legen. 15 – 20 Minuten bei 225 °C backen, bis die Haut Blasen wirft. Dann 10 Minuten in einer abgedeckten Schüssel nachschwitzen lassen. Die Haut abziehen und das Gemüse in Streifen schneiden.
- Paprikastreifen, 20 schwarze Oliven, 1 klein geschnittene Tomate und 2 EL Kapern in einer Schüssel gut vermischen. Mit Olivenöl, Zitronensaft, Salz und fein gehackten Knoblauchzehen nach Belieben marinieren. 5 Stunden im Kühlschrank durchziehen lassen. Noch einmal abschmecken und als Vorspeise mit etwas gehackter Petersilie und Sesam bestreut servieren.

Rezept: vegane Mayonnaise und Remoulade

- Mit dem Stabmixer aus 100 ml Sonnenblumenöl, 50 ml Sojamilch und einem Spritzer Zitronensaft eine cremige, vegane Mayonnaise herstellen.
- 25 g Kapern und Essiggurken fein hacken und zugeben. Mit Salz, Pfeffer, 1 TL Senf und Zitronensaft abschmecken.

Seelische Wirkung

Weisheit des Herzens: ***»Ich ruhe in mir selbst!«***

Die Kaper rät, sich mit der Tiefe des eigenen Herzens zu verbinden. Alles was wir sind oder je sein werden, ist hier angelegt – wie bei einer Knospe.

Meditation: Blüte des Herzens

- Schalte dein Handy ab und nimm eine angenehme, aufrechte Sitzhaltung ein. Lasse deinen Atem zur Ruhe kommen … Nun visualisiere in deiner Herzgegend eine Blütenknospe. Sieh sie dir zunächst von außen an. Welche Farbe hat sie? … Dann stelle dir vor, wie sich die Blüte langsam öffnet, Blütenblatt für Blütenblatt. Spüre dabei gleichzeitig, wie dein Brustraum weit wird. Immer mehr Blütenblätter öffnen sich und du nimmst die unendliche Vielfalt und Tiefe deines Herzraumes wahr. Alles, was du bist, ist hier angelegt. Vielleicht kannst du auch einen bestimmten Duft wahrnehmen? Bade in diesem Blütenduft.
- Nach einer Weile komme mit deiner Aufmerksamkeit wieder ganz in deinen physischen Körper zurück. Bewege Hände und Füße. Wirf noch einmal einen kurzen Blick auf die Knospe in deinem Herzen, bevor du wieder in die Alltagswelt zurückkommst.

Kardamom

Der Grüne Kardamom ist eine mehrjährige Pflanze von bis zu 4 Meter Höhe, die mit Ingwer, Galgant und Kurkuma verwandt ist. Er besitzt schmale, schilfartige Blätter und bis zu 1,5 Meter hohe rispige Blütenstände mit weißen, rosagestreiften Blüten. Die Pflanze wächst gerne im Halbschatten und blüht das ganze Jahr über. Nach der Befruchtung bilden sich strohige, grüne Kapselfrüchte aus, die je 10 – 20 schwarze Samen enthalten. Die aromatischen Früchte werden noch im unreifen Zustand, kurz vor dem Aufspringen der Kapsel, von Hand gepflückt.

Geschichte

Kardamom ist in Südindien und Sri Lanka beheimatet. Er zählt zu den ältesten und kostbarsten Gewürzen der Welt, gleich nach Safran und Vanille. In Indien sowie in China und im Zweistromland hat er eine jahrtausendealte Tradition als Heil- und Gewürzpflanze vorzuweisen. Arabische Händler transportierten ihn in Säcken per Schiff und Karawane bis zur östlichen Mittelmeerküste. Die alten Ägypter kauten Kardamom für frischen Atem und zur Zahnpflege. Die antiken Griechen und Römer verwendeten seine ätherischen Öle für Parfum. Nach Nordeuropa gelangte Kardamom im Mittelalter. Beispielsweise wird ein mit Kardamom und anderen Kostbarkeiten

verzierter Teppich im »Parzival« beschrieben, dem berühmtesten Werk des mittelhochdeutschen Dichters Wolfram von Eschenbach.

Inhaltsstoffe und körperliche Wirkung

Kardamomsamen enthalten ca. 7 % ätherische Öle, die sich aus über 120 verschiedenen Stoffen zusammensetzen (alpha-Terpineol, Myrcen, Limonen u. a.) und für seinen ausgewogenen Geschmack sorgen. Das ätherische Öl wirkt sich anregend auf Appetit und Verdauungssäfte aus. Es beugt Blähungen vor, lindert Krämpfe (zum Beispiel während der Menstruation) und wirkt gegen Magenübersäuerung. In der Tradition der ayurvedischen Medizin sorgt Kardamom für geistige Klarheit und Herzensfreude. Neben der Verdauung soll er auch Lunge und Nieren kräftigen. Bei uns ist Kardamom Bestandteil des traditionellen »Melissengeist«, der als Stärkungsmittel bei Herz-Kreislauf-Problemen, Wetterfühligkeit und Schlafstörungen eingenommen wird.

Verwendung in der Küche

Aufgrund der überdurchschnittlich breiten Anwendungspalette sind die Samen des Grünen Kardamom ein beliebtes Gewürz in der arabischen und asiatischen Küche, zum Beispiel im Curry oder als besondere Note im Kaffee. Bei uns setzt man Kardamom zum Aromatisieren von Wurst, Glühwein, Likören und Süßspeisen (Lebkuchen) ein. Die herber schmeckenden Kapselfrüchte des Schwarzen Kardamoms (auch Nepal-Kardamom genannt) werden hingegen nur für deftige Gerichte verwendet. Um möglichst viel der ätherischen Ölen zu erhalten, sollten die Kapseln am besten jeweils frisch aufgebrochen und die Samen im Mörser zerdrückt werden. Alternativ kann man die Kapseln auch im Ganzen mitkochen (etwa in Reisgerichten). Sie werden nicht mitgegessen.

Rezept: wärmender Yogi-Tee

- Für die Gewürzmischung je 7 Gewürznelken, Kardamomkapseln und schwarze Pfefferkörner sowie 1 kleine Stange Zimt in der Gewürzmühle mahlen oder im Mörser zerdrücken.
- Für eine Kanne Yogi-Tee 0,75 l Wasser mit der Gewürzmischung und 1 – 2 Scheiben frischem Ingwer erhitzen. 20 Minuten bei geschlossenem Deckel leicht köcheln lassen. Dann 0,25 l Sojamilch zufügen. Absieben und nach Belieben mit Honig oder Reissirup süßen.

Rezept: Eiscreme mit Kardamom und Safran

- Einige Safranfäden und die Samen von 3 Kardamomkapseln im Mörser fein mahlen. In 1 TL warmem Wasser auflösen. 300 ml pflanzliche »Milch«, 2 reife Bananen, 4 EL Kokosöl, 6 EL Lucumapulver (Reformhaus), 2 EL Rohrzucker und die Gewürze mit dem Stabmixer zu einer geschmeidigen Masse pürieren.

- Die Eismasse in eine Eismaschine füllen und cremig fest frieren lassen. Andernfalls in das Tiefkühlfach geben und etwa alle ½ Stunde umrühren, bis die gewünschte Konsistenz erreicht ist.

Seelische Wirkung

Erhabenheit: ***»Ich bin gottgewollt!«***
Kardamom hilft, Verbindung mit der eigenen inneren Größe aufzunehmen und sich als würdiger Teil der Schöpfung zu fühlen.

Ritual: Aussichtspunkt erklimmen

- Suche dir einen Berg in deiner Umgebung aus. Je nach Kondition und Landschaft kann es auch ein Hügel oder eine Aussichtswarte in der Natur sein. Achte darauf, dass dich das Erreichen des Aussichtspunktes körperlich fordert – aber nicht überfordert. Dein Kreislauf sollte beim Gehen in Schwung kommen, der Atem kräftig werden und die Alltagsgedanken in den Hintergrund treten.
- Nimm die Natur, durch die du gehst, mit allen Sinnen intensiv wahr. Oben angelangt lege eine wohlverdiente Pause ein. Werde innerlich ganz still und genieße das Panorama rund um dich. Verbinde dich mit dem weiten Raum und lass zu, dass es auch in deinem Inneren frei und leicht wird. Spüre dich als untrennbaren Teil dieser großen und wunderbaren Schöpfung.

Caspar David Friedrich: Wanderer über dem Nebelmeer (1818)

Koriander

Der Echte Koriander ist eine einjährige, etwa 50 Zentimeter hohe Pflanze. Der Stängel ist aufrecht, rund im Querschnitt und längs gestreift. Seine Blätter ähneln im jungen Stadium jenen der glattblättrigen Petersilie. Die älteren Blätter sind doppelt gefiedert und feingliedrig wie beim Dill. Die Blüten sind weiß und in Doppeldolden angeordnet. Es bilden sich in der Folge kugelrunde, bräunliche Früchte aus. Der Geruch des frischen Koriander ist sehr charakteristisch und erinnert an bestimmte Wanzenarten, daher auch sein Name (griechisch *Koris* = Wanze).

Geschichte

Der Ursprung des Korianders liegt wahrscheinlich im Mittelmeerraum, wo die Pflanze, Ausgrabungen zufolge, seit mindestens 7000 Jahren verwendet wird. Man fand sie im Grab des ägyptischen Pharao Tutenchamun und in alten Aufzeichnungen (über die babylonischen Palastgärten oder im Papyrus Ebers, ca. 1500 v. Chr.). Koriander wurde als Heilmittel, Küchengewürz, zur Aromatisierung

von Likören, Parfums und Liebestränken eingesetzt. Nach China kam er vor 2000 Jahren und war zunächst als »Hu« (ausländisch) bekannt. Nordamerika erreichte er durch Einwanderer im 17. Jahrhundert. Heute wird er weltweit kultiviert und gehört zu den am meisten verwendeten Küchenkräutern (»indische Petersilie«).

Inhaltsstoffe und körperliche Wirkung

Ätherische Öle sind sowohl im Kraut enthalten (Decanal) als auch in den Samen (Linalool, Geraniol, Limonen …). Neben den ätherischen Ölen gehören auch fette Öle (Petroselinsäure), Gerbstoffe, Flavonoide und Furanoisocumarine zu den Inhaltsstoffen. Koriander wirkt keimtötend, fördert den Appetit und ist ein mildes Mittel bei Bauchkrämpfen, nervösen Spannungen und Blähungen. Das Kauen einiger Samen mildert Mundgeruch und besänftigt den Magen nach übermäßigem Alkoholgenuss.

Verwendung in der Küche

In asiatischen und südamerikanischen Gerichten sind die grünen Teile des Korianders vielfältig im Einsatz. Sie geben den Speisen ein unverkennbares Aroma, das an eine Mischung aus Zitronen und Moschus erinnert. Viele Menschen in unseren Breiten finden es jedoch zunächst gewöhnungsbedürftig (»Wanzenkraut«). Die Samen des Korianders schmecken süßlich, holzig und leicht scharf, also ganz anders als das Kraut. Traditionell verwendet man sie für Linsengerichte, Brot oder Gemüseeintöpfe, oft in Kombination mit Kreuzkümmel. Sie sind ein wichtiger Bestandteil von Gewürzmischungen für Currys (siehe Rezept *Garam masala,* Seite 54), Liköre, Kompotte, eingelegte Essiggurken und Weihnachtsgebäck. Die Samen vor Gebrauch kurz rösten und dann im Möser zerdrücken, um das volle Aroma zu erhalten.

Rezept: thailändische Gewürzsuppe nach Art »Tom Yum«

- Ein daumengroßes Stück frischen Galgant (alternativ: Ingwer) schälen und in dünne Scheiben schneiden. 2 Stängel frisches Zitronengras schräg in 10 cm Stücke schneiden oder 1 EL getrocknetes Zitronengras in ein Tee-Ei geben. Gemeinsam mit 1,25 l Wasser, 5 Kaffirlimettenblättern und 2 geschälten, halbierten Schalotten in einen Topf geben. 10 Minuten sprudelnd kochen.
- 150 g Pilze (Kräuterseitlinge oder Champignons) in feine Scheiben schneiden. Das Tee-Ei aus der Suppe entnehmen (sofern im Einsatz), dann Pilze, 1 – 2 halbierte Chilischoten, 1 gehäuften TL Salz und nach Geschmack 1 EL Kokosöl in den Topf geben. Weitere 5 Minuten kochen.
- 2 sonnengereifte Tomaten achteln und 1 Handvoll frischen Koriander grob hacken. Gemeinsam mit dem Saft einer Limette in eine große Servierschüssel geben und mit der Suppe übergießen.
- Sehr lecker schmeckt die Suppe auch mit einer Glasnudel-Einlage. Diese in kürzere Stücke brechen, mit heißem Wasser übergießen und kurz bedeckt ziehen lassen. Abseihen und mit in die Servierschüssel geben.

Rezept: Linsensalat mit Koriander

- 300 g braune Linsen waschen und in der doppelten Menge Wasser so lange köcheln, bis sie weich sind (ca. 40 Minuten). Dann abseihen und auskühlen lassen.

- 1 kleine rote Zwiebel ganz fein hacken und unter die Linsen mischen. Den Salat mit frisch gepresstem Limettensaft (oder fruchtigem Essig), Sonnenblumenöl und etwas Salz abschmecken. Frische Korianderblätter von den Stielen abzupfen, grob hacken und über die Linsen streuen.

Seelische Wirkung

der Mutmacher: ***»Du schaffst das!«***

Koriander hilft, Aufgaben beherzt anzugehen, die uns »Bauchweh« bereiten.

Ritual: Mut tanken

- So paradox es klingt: Wer mutig leben will, muss sich zuerst erlauben, seine Ängstlichkeit zu fühlen. Das Geheimnis liegt darin, die eigenen Ängste »pur«, ohne die dazu gehörigen Geschichten und Interpretationen zu spüren.
- Wenn du dir für eine Aufgabe mehr Mut wünschst, dann suche einen sicheren Ort auf (zum Beispiel das eigene Bett zu Hause oder ein Platz in der Natur). Verbinde dich mit der herausfordernden Situation und wende gleichzeitig deine Aufmerksamkeit deinen Körperempfindungen zu. Was spürst du: Verkrampfung im Bauch? Spannungen in den Schultern oder im Kopf? … Was immer du findest: Halte es sanft in deiner liebevollen Aufmerksamkeit. Es sind die Gefühle des kleinen Kindes, das du einmal warst, die durch die aktuelle Situation an die Oberfläche kommen.
- Sei uneingeschränkt wohlwollend mit deinen Ängsten, ohne die Bilder oder Bewertungen des Verstandes zu beachten, die damit verknüpft sind. Bleibe bei deinen Gefühlen, ohne mehr wissen zu wollen. Zuerst darf das kleine Kind in dir Wohlwollen und Mut tanken, so oft es dies braucht. Erst dann kann dein erwachsenes Ich in die Welt hinaus treten und Herausforderungen anpacken.

Kreuzkümmel

Der Kreuzkümmel, auch Cumin oder Mutterkümmel genannt, ist eine einjährige, etwa 30 – 50 Zentimeter hohe Pflanze. Der Stängel ist kahl, die Blätter dünn wie Haare. Die Blüten des Kreuzkümmels sind weiß bis rosa und in vierstrahligen Dolden angeordnet. Es bilden sich braune Doppelspaltfrüchte. Sie ähneln dem Echten Kümmel und wurden in der Vergangenheit auch immer wieder mit diesem verwechselt. Beide sind zwar Doldenblütler, doch botanisch gesehen nicht nahe verwandt. Die Früchte der beiden Pflanzen schmecken auch unterschiedlich. Das Gleiche gilt für den Schwarzkümmel *(Nigella sativa)*, der sogar zu einer anderen Familie gehört (Hahnenfußgewächse).

Geschichte

Kreuzkümmel wächst traditionell im heißen Klima Oberägyptens und Westasiens. Untersuchungen von ägyptischen Grabbeigaben bestätigen, dass er bereits vor 5000 Jahren genutzt wurde. Auch in der griechischen und römischen Küche und Heilkunde war er beliebt. Wenig Bedeutung hat er hingegen in den meisten Ländern

Nord- und Osteuropas, wo der Echte Kümmel viel populärer ist. Die Hauptanbaugebiete von Kreuzkümmel liegen heute im Iran, in Indien, Indonesien, China und im Mittelmeerraum.

Inhaltsstoffe und körperliche Wirkung

Die Früchte enthalten bis zu 4 % ätherische Öle (Cuminal, Thymol, Zymen …), außerdem fette Öle, Harze und Gerbstoffe. Durch Röstung werden zusätzliche Aromastoffe gebildet (Pyrazin und Alkylderivate). Kreuzkümmel beruhigt bei Durchfall, Blähungen und Bauchkrämpfen (bei zu fettem Essen oder Menstruationsbeschwerden). Er wirkt antibakteriell, tonisierend und regt den Appetit an. Bei Erkrankungen der Atemwege erleichtert er das Abhusten und wirkt entspannend. Enthaltene pflanzliche Hormone fördern die Milchbildung und können Wechseljahrsbeschwerden lindern. Sein Öl wurde in den Ursprungsländern früher auch zum Schwangerschaftsabbruch eingesetzt.

Tipp: Hilfe bei Mundgeruch

Mundgeruch entsteht in vielen Fällen durch die Ausscheidungen von Fäulnisbakterien im Mundraum. Neben einer nachhaltigen Umstellung auf eiweißärmere, basenbildende Kost und mehr Zahnhygiene wirkt das Kauen einiger Kreuzkümmelfrüchte keimtötend und erfrischend.

Verwendung in der Küche

Kreuzkümmel besitzt einen sehr stark durchdringenden, bitter-scharfen Geschmack, der durch kurzes Rösten in der trockenen Pfanne besonders aromatisch wird. Er gibt orientalischen Gerichten wie Falafel, Hummus und Couscous sein spezielles Aroma und ist auch im mexikanischen Chili con carne geschmacksbestimmend. In der Türkei und Bulgarien wird er zum Aromatisieren von Wurst und Grillgut

verwendet, in den Niederlanden für Käse und Liköre. Außerdem ist er wichtiger Bestandteil indischer Gewürzmischungen (siehe Rezept *Garam masala,* Seite 54). Für das volle Aroma die Samen erst kurz vor der Verwendung im Mörser zerstoßen. Sparsam verwenden, da Kreuzkümmel dazu neigt, andere Gewürze zu dominieren.

Rezept: Knusperknäckebrot, Rohkost

- 300 g Leinsamen über Nacht in ¾ l Wasser quellen lassen.
- 2 Karotten und 1 Zucchini in grobe Stücke schneiden. Das Gemüse gemeinsam mit den Leinsamen, 30 g Sesam, 1 TL Salz, ¾ TL geriebenen Kreuzkümmel im Mixer pürieren.
- Die Masse dünn auf Backpapier streichen. Im Dörrapparat bei 40 °C 10 Stunden trocknen, dann wenden und noch einmal 10 Stunden trocknen. Alternativ im Umluftbackofen bei 50 °C ca. 8 Stunden backen. Die Zeitdauer hängt von der Dicke des Brotes ab. (Dabei die Ofentür einen kleinen Spalt offen halten, damit die Feuchtigkeit abziehen kann.) Trocken gelagert ist das Knäckebrot einige Wochen haltbar.

Seelische Wirkung

Entscheidungsfreiheit: ***»Ich wähle aus, was mich anspricht!«***
Kreuzkümmel hilft, inneren Abstand zu wahren. Wir fühlen uns frei zu entscheiden, welchen Dingen wir uns zuwenden und welche wir links liegen lassen.

Ritual: Herzens-Einladung

- Gestalte eine Einladung für einen oder mehrere Freunde und entscheide jedes Detail sozusagen »egoistisch«, nach deinen eigenen spontanen Impulsen.
- Wen möchtest du für dich einladen? Welcher Tag und welche Uhrzeit spricht dich an? Das könnte durchaus auch eine ungewöhnliche Tageszeit sein. Wo würdest du dich gerne treffen und was möchtest du tun? Falls du eine Essenseinladung bei dir zu Hause planst: Hättest du gerne Hilfe beim Herrichten oder dass dir jemand beim Kochen vorliest …
- Gib dir den inneren Raum, dass auch ungewöhnliche Herzenswünsche auftauchen können. Möglicherweise kommt dazu ein »Nein« von einem Freund. Dann horche nach innen, welche neue kreative Idee daraus entstehen kann.

Kümmel

Der Echte Kümmel ist eine zweijährige krautige Pflanze mit fein gefiederten Blättern und einer rübenartigen Wurzel. Er wird 50 bis 100 Zentimeter groß und bildet weißliche Doppeldolden aus, die aromatisch duften. Die braunen, sichelförmig gebogenen Spaltfrüchte sind gerippt, an den Enden zugespitzt und riechen charakteristisch. Der Echte Kümmel ist nur entfernt mit dem Kreuzkümmel und dem Königskümmel (Ajowan) verwandt, jedoch gar nicht mit dem Schwarzkümmel, der zu den Hahnenfußgewächsen gehört.

Geschichte

Kümmel zählt zu den ältesten Gewürzen Mittel- und Osteuropas. Er wurde bei uns bereits in der Jungsteinzeit verwendet, wie Funde bei Pfahlbauten nahelegen. Auch im Grab von Tutenchamun fand man ihn. Sein Name leitet sich von lat. *cuminum* ab, dem Namen für Kreuzkümmel. Daher kommt es in der Literatur immer wieder zu Verwechslungen. Heute sind die Hauptanbaugebiete des Kümmels Ägypten, Osteuropa und die Niederlande. Seine Wildform findet sich auch auf Wiesen und Wegrändern in den Alpen, in den Mittelmeerländern und in Vorderasien.

Inhaltsstoffe und körperliche Wirkung

Kümmelfrüchte enthalten bis zu 7 % ätherisches Öl (vor allem Carvon und Limonen). Besonders hilfreich wirken sie gegen Blähungen und Krämpfe im Magen-Darm-Trakt. Sie aktivieren die Verdauung (Gallenblase), stabilisieren die Darmflora und regen den Appetit an. Bei Husten wirken sie keimtötend und auswurffördernd. Die gewebelockernde und krampflösende Wirkung von Kümmel kann den Geburtsprozess unterstützen und wirkt positiv auf Menstruation, die Durchblutung und die Milchbildung. Kümmelsamen werden in Form von Tees, Tinkturen und Kräuterwein eingenommen. Bei Blähungen helfen auch Bauchmassagen mit ätherischem Kümmelöl. Doch Vorsicht: Immer mit einem Trägeröl vermengen, da das reine ätherische Öl die Haut reizt.

Verwendung in der Küche

Kümmelfrüchte schmecken stark aromatisch, herb und leicht bitter. Durch ihre verdauungsförderliche Wirkung sind sie in der mitteleuropäischen Küche ein klassisches Gewürz für Kohlgerichte, Gulasch und Roggenbrot. Auch manchen Spirituosen verleihen sie eine charakteristische Note, zum Beispiel dem skandinavischen Aquavit. Blätter und Wurzel der Kümmelpflanze sind ebenfalls essbar (als Salat und Suppengemüse).

Rezept: Brotsticks

- 500 g Dinkelmehl (glutenfreie Alternative: 500 g Buchweizenmehl und 1 TL gemahlene Flohsamenschalen), 1 Päckchen Trockenhefe, 1 TL Salz und ½ TL Zucker mischen. Dann 2 EL Olivenöl und ca. 330 ml Wasser (je nach Mehlsorte etwas mehr oder weniger) zugeben, bis beim Kneten ein geschmeidiger Teig entsteht. Bedeckt 2 Stunden warm stellen.

- Teig noch einmal gut durchkneten.
- Brotsticks formen, diese mit Kümmel bestreuen und bei 250 °C ca. 10 Minuten goldbraun backen.

Rezept: Kartoffelgulasch

- 1 große Zwiebel fein hacken. 2 Paprikaschoten halbieren, entkernen und klein würfeln.
- Die Zwiebeln in Öl anschwitzen und mit 1 TL Kümmel und den Paprikawürfeln anbraten.
- 4 große Kartoffeln schälen und in gleich große Stücke schneiden und mit 2 EL Mehl und 1 Lorbeerblatt zur Paprika-Zwiebelmischung geben. Mit je 250 ml passierten Tomaten und Wasser aufgießen. Zugedeckt 30 Minuten köcheln lassen.
- 4 klein geschnittene Essiggurken und nach Wunsch in Scheiben geschnittene (Tofu-)Würste zugeben. Mit 2 TL Paprikapulver, Salz, Pfeffer, Thymian und einem Schuss Essig abschmecken.

Henri de Toulouse Lautrec: Vincent van Gogh in Paris (1887)

Seelische Wirkung

Ungebundenheit: ***»Ich folge meinen eigenen Gesetzen!«***
Mit Kümmel besinnen wir uns auf die eigenen Vorlieben, anstatt uns an der Masse zu orientieren.

Ritual: »Ich mache es, wie ich es will!«

- Finde heute in deinem Tagesablauf etwas, das du anders machst als die Menschen rund um dich. Eine auffällige Eigenart von dir, bei der du deinen Kopf durchgesetzt hast. Vielleicht wirst du fündig bei der Art und Weise, wie du dich kleidest? Oder wie du deine Mahlzeiten einnimmst? Wie du dich an deinem Arbeitsplatz eingerichtet hast? Auf welche Art du deine Freizeit gestaltest? … Es kann auch ein Detail im Alltag sein, das du anders machst als üblich. Vielleicht hast du schon als Kind bei diesem Aspekt als »widerspenstig« gegolten.
- Beobachte diese Eigenart von dir und spüre dabei deine Unbeugsamkeit und den Entschluss, dein Leben auf deine eigene Art zu gestalten und zu leben.

Kurkuma

Kurkuma, auch Gelbwurz oder Tumerik genannt, ist eine mehrjährige, bis zu einem Meter hohe Pflanze. Die Blätter sind lanzettförmig, wechselständig und zweizeilig angeordnet. Aus den Blattscheiden wächst ein Scheinstamm, an dessen Spitze der hübsche, ährige Blütenstand sitzt. Die Blüten selbst sind rosa bis creme-farbig. Wie der Ingwer bildet Kurkuma dicke Rhizome als Überdauerungsorgan aus. Sie sind gelb-orange und färben sehr stark.

Geschichte

Ursprünglich kommt Kurkuma wahrscheinlich aus Indien, wo es seit mindestens 4000 Jahren als heilige Pflanze verehrt wird. Neben seinem Einsatz als Gewürz und Heilmittel wird es auch zum Färben herangezogen, zum Beispiel für traditionelle Mönchsgewänder. Auch Papier, Kosmetika und Lebensmittel (Nudeln, Reis) bekommen durch Kurkuma eine satte, orange-gelbe Farbe. Der Gattungsname *Curcuma* geht auf das alte arabische Wort für »Safran« zurück, der oftmals durch das wesentlich günstigere Kurkuma als Farbstoff ersetzt wurde.

Inhaltsstoffe und körperliche Wirkung

Das Rhizom des Kurkuma enthält bis zu 5 % ätherisches Öl, das vor allem aus Sesquiterpenen besteht. Der gelbe Farbstoff Curcumin hat eine entzündungshemmende Wirkung. Er unterstützt die Fettverdauung und hilft bei der Entgiftung der Leber. Erfahrungen in Ayurveda und TCM zeigen, dass Kurkuma Linderung bei einer Vielzahl gängiger Zivilisationskrankheiten und Risiken bringen kann: Arteriosklerose, Leber- und Gallenprobleme, Diabetes, erhöhte Cholesterinwerte, Osteoporose, Alzheimer und Tumore. Bei Hautkrankheiten eine Mischung aus geriebenem Kurkuma und Mandelöl (1:1) mehrmals täglich einmassieren. Danach abwaschen.

Rezept: Immunkraft-Drink

1 TL Kurkumapulver und etwas frisch geriebenen Ingwer in einem Topf in etwas Wasser einrühren. Mit 1 Tasse Reis- oder Hafermilch aufgießen und 2 Minuten köcheln lassen. Dann 1 – 2 TL Honig (oder Reissüße), 1 TL Kokosöl, 1 Msp. Zimt und Pfeffer zugeben und gut durchmischen. Wärmt den Körper von innen und hilft bei beginnender Erkältung.

Verwendung in der Küche

In der thailändischen Küche wird das frische Rhizom wie Ingwer verwendet. Es schmeckt scharf und harzig. Tipp: beim Verarbeiten Haushaltshandschuhe anziehen, denn seine Färbekraft steht jener der Roten Rübe um nichts nach. In getrockneter, geriebener Form schmeckt Kurkuma mild, holzig und etwas bitter. Es ist Standardbestandteil asiatischer Gewürzmischungen (siehe Rezept *Garam masala* Seite 54). Das Pulver ist lichtempfindlich und verliert beim Lagern schnell an Geschmack. Daher immer wieder frisch nachkaufen. In manchen Gebieten Asiens werden auch die Blätter von Kurkuma zum Würzen verwendet.

Rezept: Khichdi

- Je 1 Tasse Reis und Mungobohnen (oder gelbe Linsen) in einem Sieb gut unter fließendem Wasser waschen. Dann in einem Topf mit 4 Tassen Wasser und 1 TL Kurkuma sanft köcheln lassen.
- Wenn der Reis gar ist, in einer Pfanne 1 TL Senfkörner in 2 EL Öl erhitzen. Wenn die Senfkörner zu springen anfangen, je 1 TL fein gehackten Ingwer, gemörserten Kreuzkümmel und Koriander zugeben. Kurz braten und gemeinsam mit Salz und Zitronensaft zum Reis geben.
- Das Gericht ist einfach, nahrhaft und die Zutaten lassen sich gut zu Hause einlagern (zum Beispiel für Überraschungsbesuch). Es lässt sich gut mit anderen Gemüsegerichten kombinieren oder variieren (zum Beispiel durch Zugabe von gerösteten Cashewnüssen, Rosinen und Tomaten).

Seelische Wirkung

Selbstannahme: ***»Ich bin mein Schlüssel zur Welt!«***
Kurkuma hilft Menschen, die sich leicht im Außen verlieren, ihren Fokus ins eigene Sein zu legen.

Ritual: Urlaub unter neuem Namen

- Versuche folgendes Experiment: Fahre in deinen nächsten Urlaub mit einem neuen Vornamen. Wähle dafür einen Namen aus, mit dem du keinerlei Assoziationen verbindest. Für die Zeit der Reise heißt du also »……« und hörst auch nur auf diesen Namen.
- Beobachte, wie du dich selbst plötzlich ein Stück neu entdecken kannst. Du bist wie ein unbeschriebenes Blatt Papier. Denn gewöhnlich sind mit dem eigenen Namen viele Vorstellungen und Wünsche der Eltern und Erzieher verbunden. Der neue Name hingegen ist frei von Identifizierungen. Er kann dich auf eine Entdeckungsreise in dein authentisches Selbst begleiten.

Vittorio Matteo Corcos: Träume (1896)

Liebstöckel

Liebstöckel, auch Maggikraut genannt, ist eine mehrjährige Pflanze von ein bis zwei Meter Höhe. Sie hat einen kräftigen, hohlen Stängel und dunkelgrüne, gefiederte Blätter. Als Überdauerungsorgan wird ein Rhizom gebildet. Die unscheinbaren Blüten sind gelblich-grün und sitzen in Doppeldolden. Daraus reifen braune Früchte. Die ganze Pflanze riecht sehr aromatisch.

Geschichte

Das ursprünglich wahrscheinlich aus Zentralasien stammende Liebstöckel hat sich heutzutage vor allem in Europa als klassisches Suppenkraut etabliert. Während manche seinen Namen nüchtern auf das lateinische *ligusticum* zurückführen (»aus Ligurien stammend«), weist für andere die üppige Wuchskraft auf eine aphrodisierende Wirkung hin. Gemäß Brauchtum erhitzt ein Liebestrank aus der fleischigen Wurzel den Körper und facht dadurch die Manneskraft an. Eine ähnliche Wirkung erhoffte man sich durch Streuen von Liebstöckelfrüchten in die Schuhe der angebeteten Person.

Inhaltsstoffe und körperliche Wirkung

Die frischen Blätter enthalten viele Mineralien, Vitamine und bis zu 0,5 % ätherisches Öl. Ihr intensiver Geschmack ist auf die enthaltenen Phthalide zurückzuführen, die auch in anderen Doldenblütlern auftauchen (zum Beispiel bei Sellerie). Von der chemischen Struktur ähneln sie dem Sotolon, das man in der Maggi-Würze und im Bockshornklee finden kann. Liebstöckel wirkt entkrampfend bei Verdauungsproblemen und Menstruationsbeschwerden. Es lindert Sodbrennen, Aufstoßen und Blähungen. Durch seine harntreibende und desinfizierende Wirkung hilft die Wurzel auch gegen Nierenbecken- und Blasenentzündungen.

Verwendung in der Küche

Der Geschmack von Liebstöckel ist sehr intensiv (daher besser sparsam dosieren) und erinnert an Sellerie. Traditionell gilt es als Verstärkungsgewürz, das den Eigengeschmack der Speisen unterstreicht. Es wird gerne als Suppenwürze verwendet, schwerer verdaulichen Speisen (wie Linsen) zugesetzt oder sauer Eingelegtem und Kräuteressig. Auch die Früchte lassen sich als Würze verwenden, zum Beispiel für Brot oder Eintöpfe. Die Pflanze entfaltet beim Kochvorgang ihr Aroma und kann daher schon frühzeitig zugegeben werden.

Rezept: Suppenwürze, selbst gemacht

- 1 Zwiebel, 2 Petersilienwurzeln, 1 kleine Sellerieknolle und 2 Pastinaken schälen und in gleich große Stücke teilen. 3 große Karotten, 1 Stange Lauch und 8 vollreife Tomaten grob würfeln und mit dem restlichen Gemüse in einen Mixer füllen. 1 Bund Petersilie und die gleiche Menge Liebstöckelblätter zugeben und alles fein pürieren.
- Abwiegen und auf 1 kg Gemüsepüree 150 g grobes Meersalz, ½ TL geriebene Muskatnuss und 1 Messerspitze Pfeffer einrühren. Dank dem konservierenden Salz hält die Suppenwürze im Kühlschrank einige Monate. Für eine Gemüsebouillon ca. 2 EL davon in 1 l kochendes Wasser einrühren.

- Alternativ dazu kann die Suppenwürze auch getrocknet werden. Hier genügt eine verringerte Salzmenge (zum Beispiel die Hälfte). Das Gemüsepüree als dünne Schicht auf Backpapier auftragen. Im Dörrgerät oder Umluftbackofen bei 70 °C ca. 8 Stunden trocknen lassen (beim Backofen die Tür dabei leicht geöffnet halten). Die trockenen Gemüseplatten zerbröseln und in Schraubgläsern kühl lagern.

Rezept: würzige Zucchini-Kartoffelsuppe

- 1 kleine Stange Lauch in feine Ringe schneiden und in einem Topf in etwas Öl anschwitzen. 3 Karotten und 1 Stück Sellerieknolle schälen und klein schneiden. Das Gemüse und 1 TL Kümmel kurz mitrösten. Dann mit 1 l Wasser aufgießen. 500 g Kartoffeln schälen, in 2 cm dicke Würfel schneiden und 10 Minuten mitköcheln lassen.
- Einen Zweig fein geschnittene Liebstöckelblätter, 1 würfelig geschnittene Zucchini und 1 kleine Handvoll getrocknete Steinpilze (optional) zugeben. Noch 5 Minuten kochen lassen, dann 100 ml Sojasahne zugießen und mit Salz und Pfeffer abschmecken.

Seelische Wirkung

Impulsivität: ***»Ich nehme mir, was ich brauche!«***
Liebstöckel hilft, den spontanen Impulsen aus dem Bauch zu folgen.

Ritual: Einkauf mit Liebstöckel

- Übergib beim nächsten Lebensmitteleinkauf dem Liebstöckel die Regie. Wähle zunächst intuitiv den passenden Laden aus. Wenn du vor dem Regal mit frischem Obst und Gemüse stehst, lasse deinen Atem frei fließen und deinen Blick »weich« werden. Rufe dir gleichzeitig das direkte, kräftige Aroma von Liebstöckel ins Bewusstsein.
- Stell dir nun vor, dass deine linke Hand eine Antenne deines Bauches ist. Dieser hat das Wissen, was dein Körper wirklich braucht, um gesund und kraftvoll zu sein. Sieh zu, wie deine Hand über das Sortiment schwebt und impulsiv bestimmte Pflanzen für dich herausgreift. Vielleicht entsteht dabei bereits ein Gefühl, was du dir daraus Gutes zubereiten könntest. Sonst hilft das Internet und das Kartenset »Heilkraft aus der täglichen Nahrung« weiter.[12]

Limette

Der Limettenbaum ist ein immergrüner Strauch von etwa vier Metern Höhe. Er hat dünne, dicht belaubte und meist dornenbesetzte Äste. Die Blätter sind ledrig und dunkelgrün. Aus den Blattachseln wachsen einzeln oder in Trauben kleine weiße Blüten. Manche Pflanzen blühen das ganze Jahr hindurch, die Hauptblüte ist jedoch im Frühjahr. Die Früchte sind von grüner bis gelblicher Farbe und benötigen keine Bestäubung, da sie parthenokarp (jungfernfrüchtig) angesetzt werden. Neben der persischen Gewöhnlichen Limette gibt es viele andere Sorten, darunter die Kaffirlimette *(Citrus Hystrix)* und die mexikanische Echte Limette *(Citrus aurantifolia)*. Letztere hat meist nur die Größe eines Tischtennisballs und enthält zahlreiche Samen.

Geschichte

Der Limettenbaum stammt wahrscheinlich aus Malaysia und anderen tropischen Zonen Südostasiens, wo man verschiedene kultivierte und wilde Arten vorfindet. Dort sind Limetten viel bekannter als Zitronen, welche besser im subtropischen Klima gedeihen. Im Mittelalter

brachten Kreuzfahrer die Frucht nach Europa. Erst im 16. Jahrhundert gelangte sie dann nach Amerika. Heute wird sie in Indien, USA, Mexiko und Südamerika angebaut.

Inhaltsstoffe und körperliche Wirkung

In den Schalen der Limette und in den Blättern befinden sich bis zu 7% ätherische Öle (hauptsächlich Citral, Limonen) sowie Terpenoide. Der Saft enthält etwa 8% Zitronensäure, aber verglichen mit der Zitrone wenig Vitamin C. Bei den Blättern der Kaffirlimette ist Citronellal die Hauptkomponente des ätherischen Öls. Limettensaft wirkt desinfizierend, zusammenziehend und antioxidativ (krebsvorbeugend). Er hilft bei Erkältungen, Entzündungen von Hals und Nebenhöhlen sowie bei Gelenksschmerzen. Das ätherische Limettenöl in der Duftlampe erfrischt und erhellt die Stimmung und verscheucht lästige Insekten.

Verwendung in der Küche

Limetten werden in erster Linie zur Gewinnung von Saft und ätherischen Ölen verwendet. Von den vielen verschiedenen Limettenarten haben die Wildsorten mit den kleinen Früchten das interessanteste Aroma. Limettensaft ähnelt dem der Zitrone, schmeckt jedoch deutlich frischer. Er verleiht dem kubanischen Mojito, Daiquiri oder dem brasilianischen Caipirinha sein spezielles Aroma. In der persischen Küche nützt man getrocknete Limetten (»Loomi«) als säuerliche Würze für deftige Eintöpfe (siehe Rezept *Ghormeh sabzi,* Seite 110). Kaffirlimettenblätter sind ein wichtiges Gewürz in der thailändischen Küche für Currys, Stir-Fry-Gerichte und Suppen (siehe Rezept *Tom Yum,* Seite 90).

Getrocknete Limetten werden Loomi genannt.

Rezept: persischer Bohneneintopf (Ghormeh sabzi)

- 250 g Kidneybohnen über Nacht einweichen.
- 1 kleine Kartoffel schälen und würfeln. 1 Stange Lauch in feine Ringe schneiden. Etwas Öl in einen Topf geben und die Lauchringe darin anschwitzen, die Kartoffelwürfel zugeben. 2 Bund Petersilie, je 1 Bund Spinatblätter und Koriander hacken und gemeinsam mit 2 EL getrockneten Bockshornkleeblättern (Gewürzefachhandel) kurz mitbraten.

- 2 getrocknete Limetten mit der Gabel mehrfach anstechen. Limetten und Bohnen zum Gemüse geben, mit Wasser aufgießen und 1,5 – 2 Stunden bei geschlossenem Deckel leicht köcheln lassen. Dabei die Limetten immer wieder untertauchen. Mit Salz und Pfeffer abschmecken. Passt gut zu *persischem Reis* (Rezept siehe Seite 158).

Rezept: Limettenzucker

- Limettensaft kommt vielfältig zum Einsatz (zum Beispiel siehe Rezept *Minze-Limetten-Cocktail,* Seite 146). Viel zu schade wäre es, die ausgepressten Schalen danach einfach wegzuwerfen!
- Saubere Biolimetten mit einem Sparschäler oder scharfen Messer fein abschälen (ohne zu tief in die weiße Haut zu schneiden). Ein Schraubglas zur Hälfte mit Rohrzucker füllen, die Schalenstückchen hineinstecken und ganz mit Zucker bedecken. Vor der Verwendung 1 Monat durchziehen lassen. Der Zucker ist geeignet zur Aromatisierung von Kuchen und Saft. Nach Belieben können die Limettenstückchen fein gehackt und zum Backen verwendet werden.

Seelische Wirkung

Lotuseffekt: ***»Mein Wesen bleibt klar und rein!«***
Limette desinfiziert auf allen Ebenen.

Meditation: sprudelnde Quelle

- Wenn du dich während eines langen Arbeitstages oder nach einem schwierigen Gespräch belastet fühlst, dann nimm dir kurz Zeit für diese kleine Meditation: Stelle dich aufrecht und schulterbreit hin, schließe die Augen und lass deinen Atem entspannt in den Bauch fließen.
- Dann stelle dir vor, dass dein Einatmen tiefer geht, durch die Beine bis in den Erdboden. Dein Einatmen öffnet dort unten einen Deckel und das kristallklare Wasser einer unterirdischen Quelle beginnt hinauf zu sprudeln. Während du weiter entspannt atmest, strömt das reinigende Wasser wie ein innerer Springbrunnen durch deine Körperzellen. Es nimmt alles mit, was du nicht mehr brauchen kannst, und perlt dann an der Außenseite deines Energiefeldes wieder zur Erde zurück.
- Lass diesen reinigenden Springbrunnen eine Zeit lang seine Arbeit tun. Er ist wie ein »Reset«-Knopf: Du nimmst die klare Energie deines Wesens immer deutlicher wahr.

Lorbeer

Der Echte Lorbeer, auch Gewürzlorbeer genannt, ist ein immergrüner Baum oder Strauch von bis zu zehn Metern Höhe. Er ist üppig belaubt mit kräftig glänzenden, ledrigen Blättern. Nach der Ernte werden diese im Schatten getrocknet, um ihre grüne Farbe zu bewahren. Dabei reduzieren sich die enthaltenen Bitterstoffe und der balsamische Geruch entsteht. Die Blüten des Lorbeers sind klein, gelblich und sternförmig. Sie sitzen in doldigen Blütenständen und duften angenehm. Nach der Befruchtung entwickeln sich blauschwarze, glänzende Beeren. Achtung: Viele verschiedene Pflanzenarten werden regional als Lorbeer bezeichnet, auch wenn sie nicht näher verwandt sind. Beispiele dafür sind der Westindische Lorbeer *(Pimenta racemosa)* aus der Familie der Myrtengewächse oder der Kirschlorbeer *(Prunus laurocerasus)* aus der Familie der Rosengewächse.

Geschichte

Die Heimat des Lorbeers ist Vorderasien und der Mittelmeerraum. Der Baum galt in der Antike als heilig und als Symbol für Weisheit.

Pythia, die berühmte Priesterin im Orakel von Delphi, soll Lorbeerblätter gekaut haben, wenn sie ihre Prophezeiungen verkündete. Auch in der griechischen Mythologie taucht der Lorbeer auf: Die Nymphe Daphne verwandelte sich auf der Flucht vor ihrem Verehrer Apollo in einen Lorbeerstrauch. Aus Liebeskummer trug dieser fortan Lorbeerzweige. Ein Kranz der Blätter schmückte auch die Häupter ruhmreicher römischer Feldherren, die Sieger der Olympischen Spiele sowie Dichter und Sänger.

Inhaltsstoffe und körperliche Wirkung

Lorbeerblätter besitzen ätherische Öle mit dem Hauptbestandteil Cineol (bis 50 %) sowie Flavonoide, Gerb- und Bitterstoffe. Sie regen Appetit und Verdauung an, wirken leicht wärmend, antibakteriell und harntreibend. Das Lorbeeröl wird in der Volksmedizin bei Verstauchungen, Schürfwunden, Schuppen und Rheuma eingesetzt. Auch in der Tiermedizin ist es hilfreich, etwa gegen Läuse oder als Eutersalbe. Lorbeerblätter kann man auch räuchern, es dient zur Desinfizierung der Luft.

In den Früchten kommen ebenfalls ätherische Öle vor sowie zusätzlich bis zu 30 % fettes Öl. Durch Auspressen oder Kochen wird aus ihnen Lorbeerbutter *(Oleum lauri)* gewonnen, eine grünliche, fettreiche Salbe, die in der Kosmetikindustrie als Aromastoff Eingang findet.

Verwendung in der Küche

Der würzig-muskatartige Geschmack des Lorbeerblattes passt gut zu eingelegtem Gartengemüse, Kräuteressig, Ragouts und Suppen. Es entfaltet sein Aroma während langer Garzeiten und wird erst kurz vor dem Servieren entfernt. Beim Kauf von Lorbeer darauf achten, dass die Blätter grün (noch nicht braun) sind und stark riechen. Die Früchte des Lorbeers werden in der Küche seltener verwendet. Sie passen, aufgrund ihres robusten Geschmacks, gut in deftige Saucen. Aus ihnen stellt man auch Likör her.

Rezept: Kräutersträußchen Bouquet garni

- In der französischen Küche wird zum Aromatisieren von Bouillon und Eintöpfen gerne ein kleiner Kräuterstrauß verwendet. Bouquet garni geht auf eine Erfindung von Pierre de Lune zurück, einem französischen Koch aus dem 17. Jahrhundert. Die klassische Variante besteht aus 1 Lorbeerblatt, 2 Thymianzweigen und 4 Petersilienstängeln. Die Kräuter werden in das Lorbeerblatt eingewickelt und mit Küchengarn zusammengebunden. Alternativ können sie auch in ein Baumwollsäckchen oder einen Teebeutel gefüllt werden. Das Bouquet garni kocht man mit und entfernt es kurz vor Ende der Garzeit.
- Je nach Gericht können die Kräuter variiert werden: Salbei, Basilikum, Majoran und Rosmarin passen zu kräftigen Gerichten. Dill, Petersilie und Zitronenschale gibt man traditionell in Fischsuppen.

Rezept: mediterranes Salatöl

- In eine dekorative Glasflasche (½ l) 4 Lorbeerblätter geben und mit hochwertigem, kaltgepresstem Olivenöl oder Sonnenblumenöl übergießen. Je nach Gusto auch mit 1 Rosmarin- oder Thymianzweig, einigen Senfkörnern, 1 Knoblauchzehe oder 1 Chilischote kombinieren. Ein liebevolles und individuelles Geschenk.

Seelische Wirkung

Anerkennung: ***»Ich schätze es, wie es ist!«***

Lorbeer hilft, das Leben in seinen vielfältigen Ausdrucksformen wohlwollend anzunehmen und als Geschenk zu sehen.

Ritual: seelisches Bouquet garni

- Mache dir bewusst, welche Situationen derzeit dein Leben »würzen«. Das können harmonische, süße Begegnungen sein, aber auch Situationen, die dich sauer machen oder sich bitter anfühlen.
- Nimm dir bunte, kleine Papiere zur Hand und schreibe auf jedes eine dieser Situationen. Loche die Zettel, binde sie mit Garn zusammen und stelle dir so dein persönliches »Bouquet garni« zusammen.
- Dann lege es an einen schönen Ort in deiner Wohnung. Wenn du im Alltag vorbei kommst, mache dir bewusst, welche Vielfalt und welchen Reichtum dein momentanes Leben birgt.

Meerrettich

Der Meerrettich, auch Kren genannt, ist eine stattliche, mehrjährige Pflanze von bis zu einem Meter Höhe. Die langstieligen Blätter treiben direkt aus der Wurzel aus und besitzen stark hervortretende Adern. Der Blattrand ist grob gekerbt, bei den oberen Stängelblättern wiederum fast glatt. Die traubigen Blütenstände sind weiß, riechen stark und werden bis zu einem Meter hoch. Daraus bilden sich Schoten mit braunen Samen. Meerrettich hält Temperaturen von bis zu -50 °C aus. Als Überdauerungsorgan wird die aromatische, ca. 30 Zentimeter tiefe Pfahlwurzel gebildet, die innen weiß und fasrig ist.

Geschichte

Die ursprüngliche Heimat des Meerrettichs ist wahrscheinlich der Mittelmeerraum. In der Antike war er bei den Römern bekannt, wie auf einem Wandgemälde in Pompeji zu sehen ist. Er diente vor allem als Heilmittel, zum Beispiel gegen Skorbut, Wassersucht, Wechselfieber und rheumatische Beschwerden. Bei Vergiftungen aß man große Mengen an geriebenem Meerrettich, um Erbrechen auszulösen. Nach Mitteleuropa sollen ihn slawische Völker erst im Mittelalter gebracht haben. Bevor es Pfeffer an jedem Wirtshaustisch gab, waren Senf und Meerrettich die wichtigsten scharfen Gewürze im deutschsprachigen Raum.

Inhaltsstoffe und körperliche Wirkung

Die geruchlose Meerrettichwurzel enthält (wie auch der Schwarze Senf) schwefelhaltige Senfölglykoside (Sinigrin), die sich beim Reiben in stechende, augenreizende Verbindungen umwandeln. Außerdem besitzt sie Flavonoide (Quercetin, Kämpferol), Mineralien und viel Vitamin C. In der Volksheilkunde wird Meerrettich innerlich und äußerlich angewendet. Er gilt als blutbildend, harntreibend, desinfizierend, krebsvorbeugend und allgemein anregend. Man verwendet ihn zur Steigerung der Abwehrkräfte sowie bei Husten und Blasenentzündung. Bei Rheuma, Nervenschmerzen und zur Wundpflege wird er frisch gerieben zwischen zwei Tücher gestrichen und aufgelegt (max. 10 Minuten). Achtung: Magenkranken und Schwangeren ist vom Genuss abzuraten.

Tipp: Hilfe bei Husten

Eine frische Wurzel reiben und 1:1 mit Honig vermengen. 3 x täglich 1 TL einnehmen (nicht für Kleinkinder geeignet).

Verwendung in der Küche

Meerrettich wird entweder frisch oder eingelegt verwendet. Direkt nach der Ernte sind die Wurzeln am schärfsten, können jedoch bei Temperaturen um -2 °C monatelang gelagert werden (in feuchten Sand eingeschlagen). Beim Reiben der Wurzel entsteht ein beißender Geruch, der die Tränendrüsen reizt und sich nach einigen Minuten wieder verflüchtigt. Das Aroma von Meerrettich ist nicht hitzebeständig, daher fügt man ihn warmen Speisen erst direkt am Teller hinzu. Traditionell wird er zu Fleisch und Schinken serviert sowie als Beilage gemischt mit geriebenen Äpfeln oder Sahne. Japanischer Meerrettich (Wasabi) ist von grüner Farbe und hat ein ähnliches, etwas stärkeres Aroma.

Wasabi

Rezept: Aufstrich mit Meerrettich und Roter Bete

- 100 g Sonnenblumenkerne für 1 Stunde in reichlich Wasser einweichen.
- Frischen Meerrettich (ca. 30 g) schälen, fein reiben und zusammen mit 3 EL Sonnenblumenöl, 250 g Roter Bete (gegart) und den Sonnenblumenkernen mit dem Stabmixer gut pürieren. Mit Salz und Zitronensaft abschmecken, nach Belieben mit etwas Sesam bestreuen und kühl stellen.

Rezept: Apfelkren

- 2 säuerliche Äpfel schälen und fein reiben. Ein Stück frische Meerrettichwurzel schälen und ebenfalls fein reiben. Beides gut vermengen und nach Geschmack mit etwas Zitronensaft beträufeln.
- Um zu vermeiden, dass der Apfelkren mit der Zeit bräunlich wird, können die Obststücke auch kurz gedämpft, dann püriert und mit dem geriebenen Meerrettich vermengt werden. Abgesehen von dem traditionellen Tafelspitz passt Apfelkren auch gut zu Kartoffelpuffern.
- Als Gemüsedip mit etwas Sojajoghurt und Mayonnaise vermengen, um die Schärfe zu reduzieren.

Seelische Wirkung

das Bewährte: ***»Auf meine Erfahrungen kann ich bauen!«***
Meerrettich ruft uns den Wert von traditionellem Handwerk und von allem Bodenständigen, das sich über die Jahre erprobt hat, ins Bewusstsein.

Ritual: regional einkaufen

- Oft kaufen wir gewohnheitsmäßig bei internationalen Handelsketten ein, weil Produkte aus der Umgebung zu kostspielig scheinen. Dadurch gehen aber jene gewachsenen Strukturen verloren, die unsere Heimat zu etwas Besonderem machen.
- Gehe auf einen Spaziergang durch deinen Wohnort und schau dich dabei bewusst um: Was gibt es hier für interessante Unternehmen, engagierte Bauern oder Handwerker, Geschäfte, Initiativen … Was macht deine Region aus? Wen möchtest du ab jetzt bei deinen Einkäufen unterstützen, wer soll bleiben können?

Melisse

Melisse, auch Zitronenmelisse genannt, ist eine 30 bis 100 Zentimeter hohe Pflanze, die das stolze Alter von 30 Jahren erreichen kann. Sie hat aufrechte, verzweigte Stängel, die zumeist mit feinen Haaren bewachsen sind. Die Blätter sind ellipsenförmig mit gesägtem Rand und sitzen gekreuzt gegenständig am Stängel. Die blassen, weißlichen Lippenblüten sind in Halbquirlen in den oberen Blattachseln angeordnet. Von der Pflanze geht ein charakteristischer Duft nach Zitronen aus. Aufgrund ihrer nektarreichen Blüten wird sie auch als Bienenweide angebaut (griech. *Melissa* = Biene).

Geschichte

Der Ursprung der Melisse ist der östliche Mittelmeerraum und Westasien. In der Antike war sie ein beliebtes »Frauenkraut«. In den mittelalterlichen Klöstern setzte man gerne verdauungsförderliche Kräuterliköre mit Melisse an, zum Beispiel den »Karmelitergeist« (als Vorläufer des heutigen Melissengeists). Hildegard von Bingen schrieb, dass der Mensch, der Melisse isst, gerne lacht. Denn sie erfreue das Herz. Heu-

te wächst sie weltweit in der gemäßigten bis warmen Zone, oft auch verwildert an Wegesrändern.

Inhaltsstoffe und körperliche Wirkung

Melisseblätter enthalten verschiedene Polyphenole, Bitter- und Schleimstoffe, Saponine und Vitamin C. Der Gehalt an ätherischen Ölen ist nicht besonders hoch (0,1 – 0,3 %), doch sehr komplex aufgebaut (aus über 50 Bestandteilen, hauptsächlich Citronella, Neral und Geraniol). Daher ist echtes Melissenöl sehr teuer und wird oft durch Zitronengrasöl ersetzt. Melissentee wirkt beruhigend und entkrampfend. Er unterstützt die Magenfunktion und hilft bei allerlei Stress, Nervosität und Einschlafstörungen. Aufgrund der enthaltenen Rosmarinsäure hemmen die Blätter Viren und Bakterien, daher wird Zitronenmelisse auch bei Bronchitis und Grippe eingesetzt.

Tipp: entspannendes Melissebad

- Beim Baden Melisseblätter in ein Leinensäckchen unter den Wasserhahn direkt in den warmen Wasserstrahl hängen. Riecht angenehm und lässt die Sorgen des Tages vergessen.

Verwendung in der Küche

Melisse besitzt einen erfrischenden, leicht säuerlichen Geschmack, der sich vielseitig in Sorbets, Limonaden, Obstsalat und Kräuteressig einsetzen lässt. Eistee mit frischer Melisse ist ein beliebtes Getränk im Sommer, das kalt und warm getrunken wird. Oft sieht man die Blätter auf Desserts als grüne essbare Dekoration. Sie können dafür frisch oder kandiert verwendet werden. In Asien kennt man Zitronenmelisse auch als Würze scharfer Reis- und Fischgerichte, denen sie eine fruchtige Note gibt.

Rezept: Beeren-Buchweizen-Trifle

- 80 g Buchweizenmehl mit 100 g gemahlenen Erdmandeln (alternativ: Mandeln), 50 g Margarine und 50 g Rohrzucker vermischen. Die Masse auf ein Backpapier streichen und bei 150 °C 20 Minuten im Backofen backen.
- Den ausgekühlten Crumble mit den Fingern zu Streuseln verarbeiten und mit einer Handvoll frischer Heidel- und Brombeeren mischen. Nun abwechselnd Crumble und Vanille-Sojajoghurt in Gläser schichten. Als Topping eignen sich Bananenscheibchen, Beeren und Melisseblättchen, wenn möglich frisch gepflückt vom Balkon oder aus dem eigenen Garten.

Rezept: Melissensaft

- Oft fallen im Garten große Mengen an Melisse an, die zu köstlichem Saft weiterverarbeitet werden können: In ein 5-Liter-Glas einen großen Strauß Melissenkraut geben. 6 Biozitronen auspressen, den Saft und die Zitronenhälften in das Glas geben und mit 3 l kaltem Wasser übergießen, 3 (in Scheiben geschnittene) Biozitronen darauf verteilen und das Gefäß abdecken.

- 2 Tage kühl stellen, dann den Saft abseihen und dabei das Kraut gut ausdrücken. Die Flüssigkeit in einem großen Topf mit 3 kg Rohrzucker aufkochen und sofort in sterilisierte Flaschen abfüllen. Kühl und dunkel gelagert 1 Jahr haltbar.

Seelische Wirkung

die Prinzessin: ***»Anmutig erscheine ich in der Welt!«***
Melisse macht die zarten, feinen Aspekte sichtbar, die in jeder Situation und in jedem Menschen vorhanden sind – auch wenn sie manchmal hinter einer dicken Schale verborgen sind.

Ritual: ein Spaziergang mit der Prinzessin

- In jedem von uns gedeiht etwas Kostbares, Feines und Feminines – es ist die »Prinzessin« in uns. Lade sie heute auf einen Spaziergang mit dir ein. Du kannst dir vorstellen, dass sie in deinem Herzraum weilt, während du sie durch die Welt trägst.
- Spüre ihre sanfte Qualität in deinem Herzen, lass sie größer werden und ausstrahlen. Beobachte, wie dein Gehen, alle Bewegungen deines Körpers geschmeidiger und ausdrucksvoller werden. Betrachte die Welt durch ihre Augen, lass deinen Blick sanft werden. Achte auf unscheinbare Details, auf die Atmosphäre der Umgebung, auf den Blick der Menschen, die dir begegnen … Was fällt dir durch sie in deiner Umgebung neu auf? Stets finden wir im Außenraum wieder, was wir in uns selbst tragen.

Mohn

Schlafmohn ist eine einjährige hübsche Blütenpflanze von etwa einem Meter Höhe. Die Blätter sind eiförmig und umfassen den runden Stängel. An seiner Spitze sitzt eine violette bis weiße Blüte. Daraus entwickelt sich eine kugelförmige Fruchtkapsel mit vielen Kammern (Mohnkopf). Wird die unreife Kapsel angeritzt, tritt ein milchiger Saft aus, der in getrockneter Form als Opium bekannt ist. Später wachsen im Inneren unzählige Samen, die je nach Sorte schwarz, grau, blau oder weiß sind. Neben dem Schlafmohn gibt es viele weitere Sorten, unter anderem den wildwachsenden Klatschmohn mit scharlachroter Blüte und dekorative Züchtungen für den Hausgarten.

Geschichte

Mohn stammt ursprünglich aus dem östlichen Mittelmeerraum. 8000 Jahre alte Funde aus der Jungsteinzeit beweisen, dass er eine der ältesten Nahrungs- und Arzneipflanzen der Menschheit ist. Von den Germanen weiß man, dass sie Mohnfelder anlegten und diese »Äcker des Odins« nannten. Er galt als Fruchtbarkeitssymbol, aufgrund

der zahlreichen Samen, und als potenzfördernd. Neben den wohlschmeckenden Samen hatte man es auch auf den giftigen Milchsaft abgesehen, der zu Opium, Morphium und Heroin weiterverarbeitet wurde. Schon in der Antike verwendete man ihn, um unerträgliche Schmerzen zu lindern, oder ließ sich von ihm in einen rauschhaften Schlaf versetzen *(somniferum* = schlafbringend). Da die Suchtgefahr sehr groß ist, fallen heute alle Produkte aus dem Milchsaft unter das Rauschmittelgesetz.

Inhaltsstoffe und körperliche Wirkung

Die Samen des Schlafmohns enthalten sehr viel Öl (40 – 50 %), Calcium, Eisen, B-Vitamine und wertvolle Aminosäuren (Lysin, Leucin). Das kaltgepresste Mohnöl und die Samen wirken vitalisierend, blutbildend und stärken das Immunsystem. Sie senken den Cholesterinspiegel und beugen Osteoporose vor. Mittlerweile gibt es Züchtungen mit geringem Morphingehalt, die bei normalem Gebrauch ohne Bedenken genossen werden können. Vorsichtig sollte man lediglich in der Schwangerschaft und bei Kleinkindern sein.

Der Milchsaft der Mohnkapsel enthält etwa 40 verschiedene Alkaloide (Morphin, Codein, Papaverin u. a.), die massiv auf das zentrale Nervensystem und die Atmung einwirken. Medizinische Präparate aus Schlafmohn werden aufgrund des Suchtpotentials nur bei starken Schmerzen (Operationen, Koliken, Tumore …) und im Rahmen der medizinischen Sterbebegleitung angewendet.

Verwendung in der Küche

Die Samen des Mohns sind ein köstliches Gewürz und werden auch zur Ölgewinnung herangezogen. Beliebt sind sie auf Gebäck gestreut oder gemahlen in Mohnstrudeln, -nudeln oder Germknödeln. Dabei unterscheiden sich die Sorten: Blaumohn ist herber und ideal für pikante Speisen. Graumohn schmeckt in süßen Mehlspeisen am besten,

genauso wie der seltene Weißmohn mit dem edlen Walnussaroma. Idealerweise mahlt man die Samen erst kurz vor der Verwendung, da sie bei Luftkontakt schnell ranzig werden. Das kaltgepresste Mohnöl hat einen intensiven, nussigen Geschmack und passt hervorragend zu Salaten und Rohkostgerichten.

Rezept: Mohnmousse

- Je 50 g fein gemahlenen Mohn und Reismehl in einen Topf geben. Unter Rühren kurz anrösten, dann mit 400 ml Reismilch und 4 EL Reissüße aufgießen. Alles 5 Minuten köcheln, danach auskühlen lassen.
- 200 ml gekühlte pflanzliche »Sahne« mit 1 Päckchen Sahnesteif nach Packungsanleitung aufschlagen und unter die Moussemasse heben. Vor dem Servieren 1 – 2 Stunden im Kühlschrank ruhen lassen.

Rezept: Mohnsalz

- Grobes Meersalz und Mohnsamen im Verhältnis 1:1 mischen und fein mahlen. Dann in einem Glas mit Schraubverschluss luftdicht lagern und bald aufbrauchen. Dieses feine Gewürzsalz schmeckt köstlich zu Kartoffeln, zu Avocado oder als Brotaufstrich.

Seelische Wirkung

Macht: ***»Durch meine Visionen erschaffe ich meine Welt!«***
Mohn verbindet uns mit den Träumen der Seele und der Welt des Unbewussten.

Meditation: »Die Welt ist ein Traum.«

- Suche dir einen ruhigen Zeitpunkt für diese Meditation aus. Lege dich bequem auf den Rücken, schließe die Augen und lasse deinen Körper schwer werden. Beobachte gleichzeitig den Fluss deines Atems.
- Wenn du mit deiner Aufmerksamkeit gut in dir selbst angekommen bist, dann frage dich: Lebst du dein Leben – oder lebt das Leben dich? Wer ist es, der gerade jetzt, hier in deinem Körper Erfahrungen macht? Wer ist es, der hinter deinen Augen alle Wahrnehmungen sammelt? … Lass dich in eine noch tiefere Entspannung sinken. Spüre deinen Innenraum. Wer beobachtet gerade diesen Innenraum? Kannst du ihn finden? Gibt es so etwas wie einen Außenraum überhaupt?
- Nach einer Zeit komme mit einigen tiefen Atemzügen wieder ganz an die Oberfläche zurück.

Muskat

Der Muskatnussbaum ist ein immergrüner Baum von 10 bis 15 Meter Höhe. Seine ledrigen, ellipsenförmigen Blätter sind auf der Oberseite dunkelgrün, unten hingegen hell. Sie wachsen wechselständig auf glatten, olivfarbenen Zweigen. Die Blüten sind unscheinbar. Nach der Befruchtung bilden sie bräunliche Balgfrüchte aus, die zur Zeit der Reife aufspringen. Im Inneren befinden sich große rundliche Samen (»Nüsse«), die von einem karminroten, ölhaltigen Samenmantel (»Muskatblüte« oder Macis) umgeben sind. Es gibt männliche und weibliche Muskatnussbäume, die Weiblichen bringen das ganze Jahr über Früchte hervor.

Geschichte

Die ursprüngliche und einzige Heimat des Muskatnussbaums liegt in der indonesischen Inselwelt (Molukken und Banda-Inseln). Bereits im alten China und Indien wurden Muskatnüsse als Beruhigungs- und Schmerzmittel eingesetzt sowie als Aphrodisiakum. Nach Europa gelangten sie ab dem 16. Jahrhundert durch portugiesische Seefahrer.

Schnell entwickelten sie sich zum begehrten »Gold Ostindiens«. In England betrachtete man sie zeitweilig als einzig wirksames Mittel gegen die Pest, entsprechend hoch war ihr Preis. Ein blutiger Krieg um das Muskatnuss-Monopol entbrannte zwischen den europäischen Seefahrernationen. Die einheimische Bevölkerung der Banda-Inseln wurde dabei vollständig ausgerottet. 1667 tauschten die Niederländer sogar die Insel Manhattan (NY) mit den Briten gegen eine kleine Insel mit den begehrten Muskatbäumen. Auch heute werden diese vor allem in Indonesien angebaut, außerdem auf Grenada.

Inhaltsstoffe und körperliche Wirkung

Die Muskatnuss beinhaltet 5 – 13 % ätherisches Öl, dessen Aroma von einer Fülle an sekundären Pflanzenstoffen geprägt ist (diverse Terpene und halluzinogen wirkendes Myristicin). Außerdem bestehen die Samen zu 40 % aus fettem Öl, aus Stärke und Harzen. Innerlich angewendet wirkt die Muskatnuss schleimlösend und leicht antibiotisch bei Krankheiten des Verdauungstrakts. Äußerlich fördert sie die Durchblutung, etwa bei Wärmetherapien gegen Gelenkentzündungen und Muskelzerrungen. Das enthaltene Myristicin und Elimicin wird im Körper zu amphetaminähnlichen Stoffen umgebaut. Achtung: In großer Dosis (zum Beispiel als Teeaufguss) können Muskatnüsse zu Halluzinationen, Vergiftungen und Fehlgeburten führen!

Durch Auspressen der Nüsse gewinnt man Muskatnussbutter. Sie wird traditionell zur Herstellung von Salben gegen Ekzeme verwendet, für Zahnpasta, Seife und Parfum. Auch die Samenhülle besitzt etwa 30 % fettes Öl, dazu Lignane, Harze und den Pflanzenfarbstoff Lycopin.

Verwendung in der Küche

Muskatnüsse sind in der Küche durch ihr intensives, feurig-süßliches Aroma vielseitig einsetzbar. Sie geben sauren, süßen und salzigen Speisen gleichermaßen das gewisse Etwas. Ob Spinat, Polenta (Mais-

grieß), Kartoffelbrei oder Desserts – meist reicht schon eine Prise aus, um eine besondere Note zu kreieren. Die Nüsse vor Gebrauch jeweils frisch reiben, denn das Aroma ist flüchtig. Muskatnüsse werden in den tropischen Ursprungsländern leicht von giftigen Schimmelpilzen befallen (Aflatoxine). Trotzdem kommen diese Nüsse mitunter illegal in gemahlener Form in den Handel. Daher ist es doppelt sinnvoll, die ganzen Nüsse zu kaufen. Muskatöl wiederum ist ebenfalls gut haltbar und ein wichtiges Geschmacksmittel in der Lebensmittelindustrie.

Rezept: Spinat-Mangold-Frittata mit Sauce

- Für die Sauce 1 kleine Tasse Sonnenblumenkerne in 1,5 Tassen Wasser für 2 Stunden einweichen. Dann zu einer sämigen Sauce mixen und mit Zitronensaft und Salz abschmecken.
- 150 g Kichererbsenmehl in 250 ml kaltes Wasser einrühren und 30 Minuten kühl stellen. In der Zwischenzeit 3 fein gehackte Knoblauchzehen in einem Topf in etwas Olivenöl goldgelb anschwitzen. 300 g Spinatblätter und 200 g Mangold (Blattstängel in schmale Scheiben geschnitten) zugeben und mit wenig Wasser 5 Minuten weich dünsten. Wasser in ein Schälchen abgießen und als Suppenfond weiter verwenden.
- Das Gemüse mit dem Stabmixer pürieren und in den Kichererbsenteig einrühren. Mit geriebener Muskatnuss, Pfeffer und Salz abschmecken. Etwas Olivenöl in einer beschichteten Pfanne erhitzen und den Teig zugeben. Zugedeckt 5 – 10 Minuten goldgelb braten, dann wenden (gelingt am besten durch Stürzen auf einen großen Teller).

Seelische Wirkung

Lebensgeister: ***»Ich habe Lust auf den Tag!«***

Muskatnuss verleiht – wie man so schön sagt – Flügel.

Meditation: Lebensgeister wecken

- Nimm dir eine kurze Auszeit und lege dich bequem auf eine Matte. Spüre die Auflagepunkte deines Körpers am Boden: Kopf, Schulterblätter, Gesäß, Beine und Arme. Gib über diese Punkte dein ganzes Gewicht an die Erde ab. Dabei entspannt sich dein Atem immer mehr.
- Nun mache dir bewusst, wie dein ganzer Körper von der Wärme des Blutkreislaufs durchströmt wird. Jede einzelne Zelle wird dabei aktiviert, beginnt zu pulsieren und zu vibrieren. Spüre, wie die Lebendigkeit im Körper immer mehr zunimmt. Es scheint, als ob kleine Lebensgeister in deinen Adern zu tanzen beginnen. Alle Zellen deines Körpers fühlen sich wieder jung und vital an.
- Nachdem du das Gefühl eine Zeit genossen hast, komme mit einem tiefen Atemzug wieder in deine Alltagswelt zurück.

Oregano und Majoran

Oregano, auch Dost, Wohlgemut oder Wilder Majoran genannt, ist eine mehrjährige, pflegeleichte Pflanze von etwa 40 Zentimetern Höhe. Aus dem holzigen Rhizom wachsen aufrechte, vierkantige Stängel, die sich oben gabelig verzweigen. Die Blätter sind wechselständig, eiförmig und behaart. An der Blattunterseite erkennt man feine Öldrüsen. Die zahlreichen rosa Lippenblüten stehen in Scheinrispen zusammen und bilden Klausenfrüchte mit winzigen braunen Nüsschen. Der Nektar von Oregano ist bei Bienen und Schmetterlingen begehrt. Majoran ist kälteempfindlich und wird daher bei uns oft einjährig kultiviert. Seine Blättchen sind sehr weich, auch gegenständig und fein behaart. Im Unterschied zum Oregano entwickeln sich bei ihm aus den anfangs kugeligen Knospen ährige, vierkantige Blütenstände mit kleinen weißen Lippenblüten.

Geschichte

Oregano und Majoran stammen ursprünglich aus dem Mittelmeerraum und Kleinasien. Beide Pflanzen waren im antiken Griechenland wohlbekannt. Die Ärzte Dioscurides und Hippokrates empfahlen die

Heilkraft von Oregano beispielsweise gegen Hämorrhoiden oder zur Begleitung des Geburtsprozesses. Dem Majoran sagte man aphrodisierende Wirkungen nach, flocht Girlanden aus dem Kraut und legte ihn frisch vermählten Brautpaaren um den Hals. Er galt außerdem als Helfer bei Frauenleiden. Im Mittelalter wurde Oregano als eine der mächtigsten Schutzpflanzen gegen Dämonen und Hexen angesehen.

Inhaltsstoffe und körperliche Wirkung

Für das typische Aroma von Oregano sind die ätherischen Öle Thymol und Carvacrol zuständig. Beim Majoran ist es ein Monoterpen-Alkohol. Beide Pflanzen enthalten neben dem ätherischen Öl auch Flavonoide, Gerb- und Bitterstoffe sowie die entzündungshemmende Rosmarinsäure. Sie wirken darüber hinaus appetitanregend, verdauungsförderlich, durchblutungssteigernd und entkrampfend. Man kann sie bei Atemwegserkrankungen, Verdauungs- und Menstruationsbeschwerden einsetzen. Salben mit ätherischem Majoranöl sind im Rahmen der Säuglings- und Kleinkindpflege ein sanftes, bewährtes Mittel gegen Bauchweh und sorgen für Linderung bei Erkältungen. Achtung: Ätherisches Oreganoöl eignet sich hingegen nicht für Kleinkinder oder Schwangere (wehenförderlich)! Als natürliches Antibiotikum ist es dafür allen dienlich, die mit Pilzen und Parasiten im Darm zu kämpfen haben (Candida-Kur). Zur Anwendung auf der Haut wird es mit einem Trägeröl verdünnt.

Verwendung in der Küche

Oregano spielt in der mediterranen Küche eine große Rolle. Trotz der botanischen Verwandtschaft schmecken die beiden Gewürze total unterschiedlich: Der pfeffrig-herbe Oregano würzt Pizza, Pastasaucen und scharfe mexikanische Taco-Füllungen. Majoran hingegen hat ein milderes, süßlicheres Aroma und passt gut zu Pilz- und Kartoffelsuppen, Linsen und Kohl. Beide Gewürze lassen sich gut trocknen und sollten warmen Speisen erst am Ende der Kochzeit zugegeben werden.

Rezept: herbstliche Selleriesuppe mit Birnen

- 1 große Zwiebel schälen und fein hacken. 2 Kartoffeln, 1 mittelgroße Sellerieknolle und 1 Karotte schälen und in gleich große Stücke schneiden. 2 Birnen schälen, entkernen und fein würfeln.
- In einem großen Topf mit etwas Öl die Zwiebeln anschwitzen und das gesamte Gemüse und die Birnenstücke zugeben. Mit 1 l Wasser aufgießen. 15 Minuten köcheln lassen. Eine Handvoll frische Majoranblättchen zufügen, kurz weiterkochen und mit dem Pürierstab cremig mixen.
- Mit Salz und Pfeffer abschmecken und mit einem Spritzer Sojasahne servieren. Dazu passt das *Knusperknäckebrot* (siehe Rezept, Seite 94).

Rezept: Majoran-Orangen-Salz

- Die Schale von 1 Bioorange fein hacken und ausgebreitet 2 Tage trocknen lassen. Dann mit 1 Handvoll getrockneten Majoranblättern und 250 g grobem Meersalz fein mahlen. Das Gewürzsalz in luftdichte Schraubgläser füllen, es gibt Gemüsegerichten das gewisse Etwas.

Seelische Wirkung

Urkraft: ***»Ich lebe meine Wildheit!«***

Oregano und Majoran helfen, gesellschaftlich konditionierte Verhaltenheit zu überwinden und sich freier auszudrücken.

Ritual: Urschrei in der Wildnis

- Durchwandere eine weitestgehend naturbelassene Landschaft in deiner Umgebung (Auwald, Moor, Gebirge, Steinbruch ...), die zudem nur dünn besiedelt ist. Verbinde dich bei jedem Schritt bewusst mit dem Boden unter deinen Füßen, den Steinen, dem Wasser, den Bäumen und Tieren.
- Finde eine Stelle, wo du dich unbeobachtet und sicher fühlst. Dann stelle dich aufrecht hin. Lasse deinen Atem entspannt fließen und spüre, wie du dabei immer mehr mit der Landschaft »verwächst«. Um dich ist pures Leben und du selbst bist pulsierende Kraft. Atme tief ein und stelle dir dabei vor, dass du den Atem aus der Mitte des Universums beziehst. Dann öffne deinen Mund und lasse beim Ausatmen einen Ton entstehen. Genussvoll-wild oder leise-säuselnd ... wie immer sich das Leben durch dich gerade ausdrücken mag. Wiederhole die Übung einige Male (vielleicht auch andernorts) und beobachte dabei, wie sich dein Ton verändert.

Petersilie

Die Petersilie ist eine zweijährige, etwa 40 Zentimeter hohe Pflanze. Sie besitzt einen aufrechten, kahlen Stängel, der rund oder leicht gerillt ist. Die Blätter sind dunkelgrün und dreifach gefiedert. Es gibt gekrauste *(Petroselinum. crispum)* oder glatte Sorten *(Petroselinum Latifolium)*. Durch die Kultivierung von krausen Sorten wollte man ursprünglich eine mögliche Verwechslung mit der giftigen Hundspetersilie vermeiden. Die Blüten der Petersilie wachsen in Dolden und bilden kleine, dunkelbraune Früchte aus. Bei der Wurzelpetersilie *(Petroselinum Tuberosum)* wurde eine besonders große Speicherwurzel mit weißem, wohlschmeckendem Fleisch gezüchtet.

Geschichte

Petersilie kommt ursprünglich wahrscheinlich aus dem östlichen Mittelmeerraum. Die berühmten griechischen Ärzte der Antike schätzten ihre harntreibende, menstruations- und geburtsfördernde Wirkung. Allerdings wurde Petersilie damals nicht immer von Sellerie unterschieden. Ab dem Mittelalter begann man sie auch in den Klostergär-

ten Mitteleuropas als Heilpflanze anzubauen. Traditionell wird der Petersilie auch eine aphrodisierende Wirkung zugesprochen.

Inhaltsstoffe und körperliche Wirkung

Frische Petersilie gleicht einem Multivitaminpräparat, mit ihrem hohen Anteil an Vitamin C, E, Folsäure und Niacin, Mineralien und sekundären Pflanzenstoffen (Chlorophyll). Ihr ätherisches Öl besteht aus Myristicin, Limonen, Apiol u. a. Es wirkt stark harntreibend und entgiftend. Petersilie vertreibt Frühjahrsmüdigkeit, kräftigt das Immunsystem in Erkältungszeiten sowie die Blutbildung und Gedächtnisleistung. Sie regt die Geschlechtsorgane an und wirkt krampflösend bei Verdauungs- und Menstruationsbeschwerden. Achtung: Bei schweren Nierenfunktionsstörungen und in der Schwangerschaft sind große Mengen an Petersilie zu meiden. Eine Überdosis des ätherischen Öls kann Wehen und Halluzinationen auslösen.

Tipp: Linderung bei Insektenstichen

Bei Schwellungen und Juckreiz ein paar zerriebene, frische Petersilienblätter auflegen.

Verwendung in der Küche

Der frische, würzige Geschmack der Blätter kommt in der mitteleuropäischen Küche fast täglich zum Einsatz, zum Beispiel in Suppen, Kräutersaucen und Salaten oder als Garnierung von Eintöpfen. Petersilie harmoniert mit beinahe allen anderen Kräutern und verstärkt deren Aroma. Dabei schmecken die Blätter der glatten Petersilie meist intensiver als jene der gekrausten (aufgrund ihres höheren Gehalts an ätherischen Ölen). Für den vollen Geschmack das fein gehackte Kraut erst am Ende der Kochzeit hinzufügen.

Rezept: Kartoffelpuffer mit Petersilie

- 500 g mehlig kochende Kartoffeln fein reiben und in einer Schüssel mit 1 EL Kichererbsenmehl, 1 TL Kartoffelstärke und etwas Salz vermengen.
- In der heißen Pfanne mit etwas Öl golbraun braten. Die Puffer mit gehackter Petersilie bestreuen. Dazu eine Sauce aus Sonnenblumenkernen (siehe *Spinat-Mangold-Frittata,* Seite 130), Apfelmus oder -meerrettich (siehe *Apfelkren,* Seite 118) reichen.

Rezept: schneller Vitaminkick

- 1 kleiner Strauß Petersilie, 1 geviertelter grüner Apfel und 1 Glas Wasser in den Mixer geben. Fein pürieren und mit 1 Schuss Zitronensaft, *Stevia-Auszug* (Rezept siehe Seite 184) oder Agavendicksaft abschmecken. Erfrischend und vitalisierend für zwischendurch.

Seelische Wirkung

Begeisterung: ***»Ich finde das großartig!«***

Petersilie vertreibt trübe Gedanken und schenkt neue Vitalität und Lebensfreude.

Ritual: Lebensfreude generieren

- Wähle eine kurze Routine-Tätigkeit in deinem Tagesablauf aus, die du ab heute bewusster erleben willst. Das kann das morgendliche Zähneputzen, das Benutzen der Treppe zum Büro, das Aufhängen der Wäsche oder der Abwasch am Abend sein.
- Gehe an die Tätigkeit heran, wie ein Kind: Staune und sieh dir selbst mit neugierigen Augen zu – als würdest du es zum allerersten Mal machen. Erfreue dich an den Bewegungen deiner Arme und Beine, an den Abläufen, an dem, was sich gerade ereignet. Auch wenn es scheinbare Banalitäten sind, spüre hin: Es ist alles hier, was du für ein erfülltes Leben brauchst.

Paul Cézanne: *Die Obstpflückerin* (1876 – 1877)

Pfeffer

Die bei uns erhältlichen schwarzen, weißen und grünen Pfefferkörner stammen allesamt von derselben Pflanze *Piper nigrum* (im Gegensatz zum Cayennepfeffer; siehe Chili). Sie ist eine mehrjährige, verholzende Kletterpflanze, die sich an Bäumen bis zu 10 Meter hoch windet. Ihre Blätter sind wechselständig, die unauffälligen Blüten wachsen in langen Ähren. Zweimal jährlich können davon die begehrten Steinfrüchte geerntet werden.

Beim schwarzen Pfeffer werden die noch unreifen Beeren in der Sonne getrocknet, beim grünen legt man sie in saurer Salzlake ein. Grüner Pfeffer kann mittlerweile auch frisch oder gefriergetrocknet gekauft werden, er passt perfekt zu leichten Gerichten. Beim weißen Pfeffer werden die vollreifen Beeren fermentiert und danach das weiche Fruchtfleisch entfernt. Er wird oft aus optischen Gründen gewählt, etwa zum Würzen heller Saucen.

Werden die vollreifen, ungeschälten Früchte in Salzlake eingelegt oder in speziellen Verfahren getrocknet, erhält man roten Pfeffer. Er ist selten und teuer, besticht aber durch sein exotisches Aroma.

Rosa Pfeffer hingegen ist die Frucht eines Sumachgewächses, des Brasilianischen oder Peruanischen Pfefferbaum. Er schmeckt süßlich-scharf und kommt oft als Deko in Gewürzmühlen (»bunte Pfeffermischung«) vor. Kubebenpfeffer *(Piper cubeba)* gehört seit jeher zu den wichtigsten indonesischen Würz- und Heilpflanzen. Gerade wurde er auch in Deutschland zur Heilpflanze des Jahres 2016 gewählt. Als

langer Pfeffer oder Stangenpfeffer wird der scharfe Fruchtstand der Kletterpflanze *Piper longum* aus der Familie der Pfeffergewächse bezeichnet. Szechuanpfeffer wiederum besteht aus den Samenkapseln eines asiatischen Rautengewächses *(Zanthoxylum piperitum).* Über Nelkenpfeffer siehe *Piment,* Seite 148 ff.

Geschichte

Die Heimat des Pfeffers ist die indische Malabarküste. Durch seine gute Haltbarkeit wurde er schon früh zu einem begehrten Fernhandelsobjekt. In der Antike pendelten regelmäßig arabische Karawanen zwischen Indien und dem Römischen Reich. Um 1500 brachte der portugiesische Seefahrer Vasco da Gama dann die erste Pfefferladung über den Seeweg nach Europa. Die schwarzen Körner waren nicht nur als Gewürz begehrt, sondern auch als Aphrodisiakum, Konservierungs- und Heilmittel. Zeitweilig wurden sie mit Gold aufgewogen. Erst durch die Entdeckung Amerikas bekam Pfeffer Konkurrenz durch einen weiteren Scharfmacher, den Chili. Die Hauptanbauländer von Pfeffer sind Indien und Indonesien.

Inhaltsstoffe und körperliche Wirkung

Der wichtigste Inhaltsstoff des Pfeffers ist das Alkaloid Piperin (bis 5 %), das in Rachen und Magen einen Wärmeeffekt erzeugt. Das fördert die Durchblutung und die Produktion von Speichel, Magensaft und Verdauungsenzymen. Der Appetit wird angeregt und es kommt zu einer vermehrten Ausschüttung von Endorphinen, die das körperliche Wohlbefinden steigern. Zusätzlich beinhaltet Pfeffer 2 – 5 % ätherische Öle (Pinene, Terpinene, Limonen u. a.) und Flavonoide (Quercetin, Kaempferol). In der ayurvedischen Medizin facht er das Verdauungsfeuer an und gilt er als keimtötendes Mittel bei Fieber, Bronchitis und Halsschmerzen. Hierfür wird der Pfeffer gemörsert und mit Honig in Milch leicht erhitzt.

Verwendung in der Küche

Pfeffer ist in der westlichen Küche ein Universalgewürz, das den Eigengeschmack der Gerichte verstärkt. Er harmoniert mit fast allen anderen Gewürzen und wird daher vielfältig eingesetzt – sowohl für pikante als auch für süße Speisen (beispielsweise Lebkuchen). Wegen seines flüchtigen Aromas immer frisch vor Gebrauch mahlen. Bei warmen Gerichten erst am Ende der Kochzeit zufügen.

Rezept: Limettenpfeffer

- Die Schale von 4 Biolimetten waschen und gut trocken reiben. Dann dünn abschälen (ohne weiße Haut darunter), fein hacken und ausgebreitet trocknen lassen.
- 40 g schwarze oder bunte Pfefferkörner, die getrockneten Limettenschalen und 2 TL Meersalz in einer Gewürzmühle fein mahlen oder mörsern. Vielseitig einsetzbar, zum Beispiel über Couscous, Reis, gedünstetem Gemüse oder fruchtigen Salaten.

Rezept: gepfefferte Erdbeeren

- Frische, saftige Erdbeeren waschen, halbieren und auf Teller geben. Dazu kommt je ein Klecks leicht gesüßte (Soja-)Sahne. Alles mit frisch gemörserten Pfefferkörnern oder eingelegtem grünem Pfeffer bestreuen. Die säuerliche Süße der Erdbeeren und das scharfe Aroma des Pfeffers bieten ein spezielles Geschmackserlebnis.

Claude Monet: Abendstimmung in Venedig (1908)

Seelische Wirkung

Vorsicht: ***»Ich warte lieber ab!«***
Pfeffer bremst uns aus, wenn wir zu schnell unterwegs sind. Er lädt zu einem achtsamen, ressourcenschonenden Umgang mit uns selbst ein.

Ritual: sich selber Zeit geben

- Geschwindigkeit und Effizienz sind in unserer Gesellschaft hoch angeschrieben. Oft verlangen wir von uns Entscheidungen und Handlungen, die noch gar nicht reif sind. Spüre nach, in welchem Lebensbereich du dich gerade gehetzt fühlst. Frage dich: Ist jetzt eine entschlossene, schnelle Aktion »not-wendig«, um reale Not zu »wenden«? Brennt es irgendwo, gibt es Verletzte, stürzt etwas ein? Oder entsteht die innere Unruhe bloß aus Vorstellungen deines Verstandes, die dich auf Trab halten und quälen?
- Atme tief durch und beobachte dabei in aller Ruhe das innere Hamsterrad, das weiter läuft und weiter läuft … Wo spürst du die Spannung in deinem Körper? Vielleicht in den Beinen, dem Kiefergelenk, den Schultern oder der Stirn? Gib dir Zeit, deinen Körper zu erfahren, wie er sich jetzt gerade anfühlt. Spüre, dass diese Unruhe in einen viel größeren Raum eingebettet ist. Hier hast du alle Zeit der Welt.

Pfefferminze

Die Pfefferminze ist eine mehrjährige, 30 – 90 Zentimeter hohe, frostharte Staude. Ihre Stängel sind oft behaart, die Wurzeln verlaufen flach mit vielen Ausläufern. Ihre Blätter wachsen gegenständig, in lanzettlicher Form und besitzen einen fein gesägten Rand. Sie sind dunkelgrün mit zartem Violettstich und riechen stark aromatisch. Die zahlreichen hellvioletten Blüten sitzen in endständigen Ähren. Pfefferminze wächst gerne im Halbschatten an feuchten Plätzen und breitet sich durch ihre zahlreichen Ausläufer aus.

Geschichte

Etwa 30 verschiedene Minzearten wachsen weltweit in gemäßigten Gebieten auf der Nordhalbkugel. Die Pfefferminze ist im 17. Jahrhundert spontan aus einer Kreuzung von Bachminze *(Mentha aquatica)* und Krauseminze *(Mentha spicata)* entstanden. Sie kommt in der Natur nicht wild vor und im Garten angepflanzte Stauden kreuzen sich oft wieder zurück. Bereits in der Antike waren bestimmte Minzearten geschätzte Heilpflanzen. In der Medizin der mittelalterlichen Klöster wurden sie als Mittel gegen Würmer eingesetzt. Heute wird vor allem Ackerminze in großen Mengen zur Herstellung von Menthol angebaut, das in der Kaugummi- und Kosmetikindustrie, aber auch für Menthol-Zigaretten gefragt ist.

Inhaltsstoffe und körperliche Wirkung

Das ätherische Öl der Pfefferminze besteht zu 60 % aus Menthol, das für den charakteristischen Geruch und Geschmack zuständig ist. Es wirkt entzündungshemmend, entkrampfend und schmerzstillend. Bei Erkältungen kann man mit ihm inhalieren oder es einreiben (2 Tropfen verdünnt auf 10 ml Wasser). Außerdem finden sich in der Pflanze Flavonoide, Gerb- und Bitterstoffe. Enzyme und B-Vitamine beleben das Gehirn, das Immunsystem und die Blutbildung. Ein Aufguss der Blätter wird zur Linderung von Reizdarm, Gallenkrämpfen, Blähungen und Gastritis verwendet. Er hilft auch bei Erkältungen, schlecht heilenden Wunden, Übelkeit und Kopfschmerzen (zum Beispiel in Form von kühlenden Umschlägen). Achtung: Eine Dosis von 3 – 5 g getrocknetes Kraut am Tag sollte nicht überschritten werden. Pfefferminze für medizinische Zwecke nicht dauerhaft anwenden.

Tipp: Hilfe bei Kopfschmerzen

- Bei Spannungskopfschmerz hilft es, den Scheitel, Schläfen und Nacken sanft mit 10 %igem Pfefferminzöl (in alkoholischer Lösung, zum Beispiel in einem Haarwasser zur Pflege der Kopfhaut bzw. Haare) zu massieren. Fördert die Durchblutung und entspannt. Auch für Kinder ab 6 Jahren geeignet.

Verwendung in der Küche

Der erfrischende Geschmack der verschiedenen Minzearten wird in der Küche für sommerliche Salate, Dips, Nudeln (»Kärntner Kasnudeln«) und die typischen Getreidegerichte Nordafrikas geschätzt. Aufgrund des intensiven Aromas sollten Pfefferminzblätter für kulinarische Zwecke eher sparsam eingesetzt werden. In Marokko ist gesüßter Pfefferminztee ein beliebtes Nationalgetränk. Er wird heiß und kalt getrunken. Darüber hinaus wird die Pflanze auch zum Aromatisieren von Bonbons, Schokolade und Likör (Crème de Menthe) verwendet.

Für Kinder und Schwangere, während einer homöopathischen Behandlung und in der kalten Jahreszeit kann man statt des kühlenden Pfefferminztees auf die stimmungsaufhellende und mentholfreie Apfelminze zurückgreifen.

Rezept: Minze-Limetten-Cocktail

- 1 Biolimette der Länge nach achteln und in ein Cocktailglas geben. Dazu kommt 1 EL Rohrzucker und 1 Zweig frische Minzeblätter. Alles mit einem Caipirinha-Stößel gut zerquetschen.
- Crushed Ice zufügen und mit Mineralwasser auffüllen. 1x umrühren und mit Minzeblättchen garnieren. Mojito-Liebhaber geben vor dem Zufügen von Wasser noch 5 cl weißen Rum hinzu und erhalten damit einen der beliebtesten Longdrinks Kubas.

Seelische Wirkung

Entspannung: ***»Immer schön cool bleiben!«***
Pfefferminze entkrampft auf allen Ebenen.

Ritual: Entspannungs-Duftbad

- Gönne dir eine ungestörte halbe Stunde. Regle zuvor alles, was es zu versorgen gilt (etwa kleine Kinder einer anderen Person zur Betreuung geben). Schalte dein Handy aus. Dann mache dir in deiner Duftlampe eine schöne Mischung aus ätherischen Ölen zurecht, zum Beispiel 1 Tropfen Minzöl, 1 Tropfen Lavendelöl, 2 Tropfen Kamilleöl und 1 Tropfen Limettenöl. Vielleicht möchtest du zusätzlich meditative Musik hören oder eine Kerze anzünden?
- Tauche nun in dein Duftbad ein. Lasse alle Alltagssorgen zurück und beobachte, wie dein Körper immer mehr entspannen kann. Vielleicht möchtest du Kopf und Nacken zusätzlich sanft massieren? Sehr wohltuend ist es, mit den Fingerkuppen über die Schläfen zu kreisen, über die Vertiefungen hinter den Ohren und die Stirne zu streichen. Auch das Kneten der Ohren aktiviert heilsame Akupressurpunkte. Lass es dir so richtig gut gehen!

Piment

Piment, auch Neugewürz, Nelkenpfeffer oder Viergewürz genannt, ist ein immergrüner, schlanker Baum von 6 – 12 Metern Höhe. Er besitzt ledrige, gegenständige Blätter. Männliche und weibliche Blüten wachsen zumeist auf unterschiedlichen Pflanzen. Nach der Befruchtung bilden sich zweisamige beerenähnliche Steinfrüchte, die kurz vor dem Ausreifen geerntet werden. Sie besitzen ein komplexes Aroma, das an Gewürznelke mit einem Hauch von Pfeffer, Muskat und Zimt erinnert. Daher kommt auch der Name »Viergewürz«.

Geschichte

Die Heimat von Piment ist Jamaika, wo neben den Früchten auch das aromatische Holz und die frischen Blätter (»Westindischer Lorbeer«) zum Aromatisieren von Speisen verwendet werden. Bei den Azteken war Piment als aphrodisierendes Gewürz für die »Xocolatl« begehrt. Zu Beginn des 16. Jahrhunderts brachte der Seefahrer Christoph Kolumbus das Gewürz erstmals aus der »Neuen Welt« nach Europa, wo es unter dem Namen »Neugewürz« bekannt wurde. Anfangs hielt man es für eine Art Pfeffer mit Nelkenaroma. Bis heute liegen die Hauptanbaugebiete von Piment auf Jamaika, wo zwei Drittel der Welternte eingebracht wird.

Inhaltsstoffe und körperliche Wirkung

Die noch unreifen Früchte enthalten 2 – 5 % ätherisches Öl mit der Hauptkomponente Eugenol (60 – 90 %) sowie Gerbstoffe, Harze und Palmitinsäure. Piment wirkt appetitanregend, verdauungsförderlich und keimtötend. Es vertreibt stechende Insekten, hilft gegen Erkältungen, Kopfweh, Muskelverspannungen und Blähungen. Daneben wird ihm eine potenzsteigernde Wirkung nachgesagt. Auch die Blätter enthalten ätherisches Öl, das unter dem Namen »Westindisches Bayöl« im Handel ist. Es wird für würzige Herrenparfums, Seifen und in der Lebensmittelindustrie verwendet.
Achtung: Das ätherische Öl nicht bei Nierenleiden und keinesfalls in der Schwangerschaft anwenden (auch nicht in der Duftlampe), da es Wehen auslösen kann! Es ist sehr haut- und schleimhautreizend, daher muss es immer verdünnt aufgetragen werden. Von der oralen Einnahme des konzentrierten ätherischen Öls ist abzuraten.

Verwendung in der Küche

Piment wird hierzulande vor allem in der Weihnachtsbäckerei eingesetzt sowie zum Aromatisieren und Konservieren von Wurst. Besonders in der skandinavischen Küche hat es sich einen festen Platz erobert. In seiner karibischen Heimat werden mit Fleisch gefüllte Pimentblätter gerne über dem würzigen Rauch von Pimentholz zubereitet. Oder das Grillgut wird mit einer feurigen Beize aus Zwiebeln, Chili und Pimentkörnern eingerieben (»Jerk«-Pasten).

Rezept: Lebkuchengewürz

- Je 1 TL Piment und Nelken im Mörser zerstoßen. Dazu kommen ½ TL geriebene Muskatnuss, 1 Prise Pfeffer und je 1 TL gemahlener Zimt, Kardamon und Ingwer.
- Die Mischung am besten frisch verwenden, sonst luftdicht und dunkel lagern. Besonders in der Adventzeit eignet sie sich zum Aromatisieren von Kuchen, Marmelade oder auch als abwechslungsreiche Würze von Linsengerichten.

Rezept: weihnachtliche Rohkost-Pralinen

- 80 g Kokosöl in eine Schüssel geben und im handwarmen Wasserbad schmelzen lassen. Schale von 1 Bioorange abreiben. 40 g Rohkakao, 2 EL Agavendicksaft, 1 – 2 EL Kokosblütenzucker (oder Rohrzucker), Orangenschale und 1 EL Lebkuchengewürz einrühren.
- 120 g gemahlene Haselnüsse zugeben und kühl stellen, bis das Kokosöl fester wird. Dann mit den Händen kleine Schokokugeln formen und in Haselnusssplittern oder Kakao wälzen. Kühl lagern.

Seelische Wirkung

Talente: ***»Ich bin vielfältig begabt!«***

Piment rückt die breite Palette an Begabungen und Fähigkeiten in den Blick, die in jedem Menschen vorhanden, doch manchmal etwas verschüttet sind.

Meditation: Talente-»Garten«

- Nimm dir einige ruhige Minuten Zeit für dich. Schalte dein Handy leise und setze dich in aufrechter Haltung bequem hin. Schließe die Augen und lass dich mit deinem Atem immer tiefer in dein Inneres sinken. Deine Füße stehen dabei fest auf dem Boden, dein Gesicht entspannt sich, die Schultern gleiten nach unten …
- Nun lass vor deinem inneren Auge das Bild eines Gartens entstehen, ein Garten, in dem deine Talente wachsen. Schau dich um: Was gibt es hier für Pflanzen? Siehst du sauber gezogene Beete mit allerlei Gemüsesorten? Oder eine Monokultur? Ist es ein »ungezähmter« Garten, in dem heilsame Wildkräuter wuchern? Welche Stelle sticht dir besonders ins Auge? Wie ist sie gestaltet? Welche Assoziationen zu deinen Talenten und Begabungen kommen dir in den Sinn? Was lebst du bereits, was drängt an die Oberfläche?
- Lass das innere Bild eine Zeit auf dich wirken, dann bewege Finger und Zehen und komme mit einem tiefen Atemzug wieder ganz in deine Alltagswelt zurück.

Vincent van Gogh: Blühender Garten (1888)

Rosmarin

Rosmarin ist ein immergrüner Strauch, der in südlichen Ländern eine Höhe von bis zu zwei Meter erreichen kann. Er besitzt gegenständige, nadelförmige Blätter in dunkelgrüner Farbe mit grauer Unterseite. Sie sind mit einer dicken Wachsschicht überzogen und haben nach unten aufgerollte Ränder. Damit verhindert der Busch eine zu große Austrocknung in Hitzezeiten. Die hellblauen Lippenblüten wachsen in Scheinquirlen an den Zweigspitzen und bilden nach der Befruchtung braune Klausenfrüchte. Rosmarin liebt mediterranes Klima. Nördlich der Alpen wird Rosmarin oft im Haus überwintert, ältere Exemplare von kälteresistenten Sorten können in windgeschützter Lage manchmal auch im Freien bleiben.

Geschichte

Die ursprüngliche Heimat des Rosmarins ist der Mittelmeerraum (speziell die Küstenregionen Portugals), wo er auch wild vorkommt. Viele Mythen ranken sich um ihn. Man fand ihn in 5000 Jahre alten ägyptischen Pharaonengräbern. Einst war er der Göttin Aphrodite geweiht

und Brautleute trugen ihn als Zeichen für Liebe und Treue. Götterstatuen wurden mit seinen Kränzen geschmückt und Altäre mit Rosmarinräucherungen gereinigt. Neben kultischen Zwecken nutzte man ihn in der Antike vor allem als Heilkraut. Später wurde er zu einem beliebten Bestandteil von Parfums, auch heute noch finden wir ihn in »Kölnisch Wasser«.

Inhaltsstoffe und körperliche Wirkung

Rosmarin enthält bis zu 2,5 % ätherische Öle (darunter Cineol, Kampfer und Pinen) sowie Gerbstoffe (Rosmarinsäure), Flavonoide, Bitterstoffe, Glycolsäure, Saponine und Harze. Er regt Appetit, die Verdauungssäfte und das ganze Herz-Kreislauf-System an. Bei Erschöpfungszuständen macht ein Tee oder eine Räucherung aus seinen Nadeln frisch und wach. Der sekundäre Pflanzenstoff Rosmarinsäure wirkt entzündungs-, bakterien- und virenhemmend. Er ist Bestandteil von Salben gegen Rheuma und Sportverletzungen. Wegen seiner durchblutungsfördernden Wirkung hilft Rosmarin auch gegen Haarausfall.

Tipp: Rosmarinwein nach Pfarrer Kneipp

- Als Kräftigungsmittel bei niedrigem Blutdruck.
- In eine Flasche Rotwein 1 Zweig Rosmarin (frisch oder getrocknet, ca. 15 g) geben. Verschlossen 4 Tage ziehen lassen, dann abseihen. Davon täglich vor dem Mittagessen ein kleines Glas trinken.

Verwendung in der Küche

Rosmarin passt zu vielen mediterranen Speisen, Pilz- und Tomatengerichten. Die nadeligen Blätter des Rosmarins entweder frisch verwenden oder im Ganzen getrocknet aufheben und bei Bedarf zerreiben. Aufgrund des intensiven Aromas eher sparsam dosieren. Rosmarin verträgt eine längere Garzeit, ohne sein Aroma zu verlieren. Beim Grillen kann man die Nadeln auch direkt auf die Glut streuen.

Rezept: Kräuter der Provence

- Die Gewürzmischung »Kräuter der Provence« stammt aus der französischen Küche und verbindet verschiedene Küchenkräuter, die in der Provence wild wachsen und verdauungsfördernd sind, etwa Rosmarin, Thymian, Estragon und Basilikum. Je nach Belieben können diese auch mit Lorbeer, Majoran, Kerbel, Oregano, Lavendel oder Bohnenkraut kombiniert werden. »Kräuter der Provence« passen gut in Grillbeizen, Salate und Gemüseeintöpfe.
- Für einen würzigen Kräuteressig einen gemischten Blätterstrauß in eine Flasche Balsamicoessig geben. 1 Monat ziehen lassen.

Rezept: Rosmarin-Salz-Verreibung

- Frisch geerntete Rosmarinzweige und grobes Meersalz im Verhältnis 1:1 in einen Cutter geben und fein mixen. Alternativ die Kräuter mit einem Blitzhacker oder Wiegemesser sehr fein hacken und gut mit dem gemahlenen Salz vermischen. Sofort in ein Glas mit Schraubverschluss füllen, fest verschließen und einige Tage im Dunkeln durchziehen lassen. Die ätherischen Öle verbinden sich dabei mit dem Salz. Danach die Mischung auf einem Backblech ausbreiten und ganz austrocknen lassen. Schmeckt köstlich über heiße Kartoffeln gestreut. Oder ist umgefüllt in ein dekoratives Glasgefäß ein schönes und praktisches Mitbringsel.

Seelische Wirkung

Konzentration: ***»Ich fokussiere meine Aufmerksamkeit!«***
Rosmarin belebt und schenkt geistige Klarheit.

Ritual: Wohlfühlzone für das Gehirn

- Niemand schafft es, stundenlang konzentriert am Schreibtisch zu sitzen. Trotzdem verlangen wir das von unseren Schulkindern und vielfach auch von uns. Doch das Gehirn arbeitet nur optimal, wenn Umgebung, Ernährung, Durchblutung, Sauerstoffzufuhr und Ruhephasen gewährleistet sind.
- Schaffe dir ein Umfeld, das Konzentration fördert: die richtige Positionierung des Arbeitsplatzes (ohne Türe im Rücken, siehe Feng Shui), Zimmerpflanzen, möglichst wenig Elektrosmog und geringer Geräuschpegel.
- Unser denkendes Organ verbraucht die meiste Energie im Körper (bis zu 20 %). Für beste Leistung braucht es viel Omega-3-Fettsäure und B-Vitamine (zum Beispiel aus Nüssen und Samen) sowie gutes Wasser.
- Täglich wird unser Gehirn von bis zu 1200 Liter Blut und 75 Liter Sauerstoff durchströmt. Führe eine neue Pausenkultur ein: Stelle dich vor das weit geöffnete Fenster und dehne den ganzen Körper gut. Dabei tief durchatmen. Gewöhne dir an, statt den Lift zu benutzen, lieber die Treppen hoch zu laufen. Dabei wird das Gehirn gut durchblutet und erholt sich schneller.

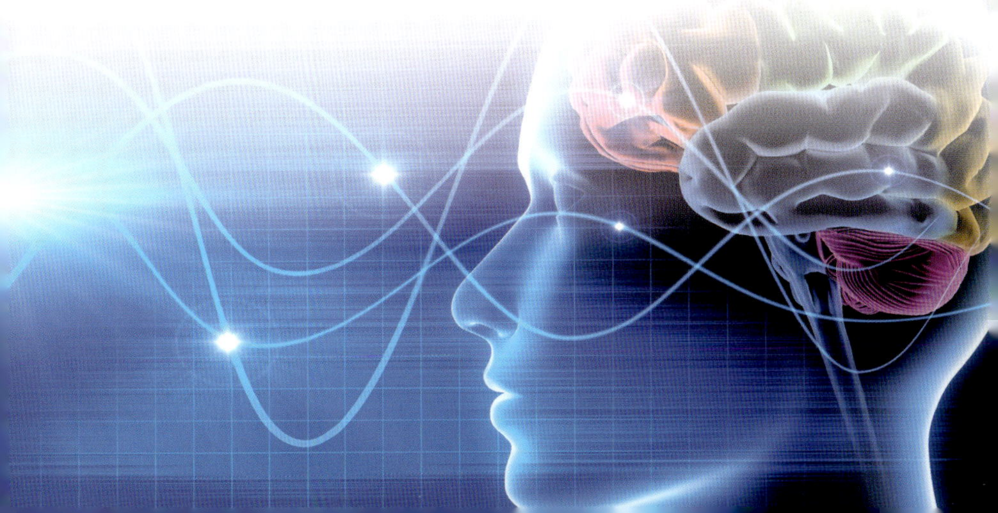

Safran

Der Safran gehört zu den Krokussen. Er wird 20 – 30 Zentimeter groß und besitzt eine mehrjährige Knolle sowie dünne, lange Blätter. Jede Pflanze bildet ein bis vier violette Blüten mit jeweils drei orangeroten Stempelfäden aus. Diese müssen innerhalb weniger Tage mühsam per Hand geerntet werden. Für ein Kilogramm Safran benötigt man rund 180 000 Blüten, daher gilt er als das teuerste Gewürz der Welt. Bemerkenswert ist der genetische Aufbau des Safran-Krokus: Er besitzt einen dreifachen Chromosomensatz und ist dadurch unfruchtbar. Die Vermehrung erfolgt mittels Knollenteilung.

Geschichte

Der Name des Safran-Krokus ist arabischen Ursprungs (»az-za'fran« = »gelb sein«). Ursprünglich stammt er vom wilden Safran der ägäischen Inseln ab. Auf den 4000 Jahre alten Wandmalereien im Palast von Knossos (Kreta) sieht man seine Ernte dargestellt. Auch in antiken chinesischen Medizinbüchern ist von ihm die Rede sowie im Alten Testament bei der Beschreibung des Paradieses. Im antiken Rom bestreute man Hochzeitsbetten mit seinen Fäden und färbte den Brautschleier damit gelb. Auf Grund seiner aufwändigen Ernte galt er seit

jeher als Luxusartikel und safran-gefärbte Gewänder als Zeichen von Reichtum. Die Haupternte von Safran stammt heute aus dem Iran, doch auch in Indien, Griechenland, Spanien und Österreich (»Wachauer Safran«) gibt es Pflanzungen.

Inhaltsstoffe und körperliche Wirkung

Etwa 300 verschiedene Inhaltsstoffe wurden im echten Safran gefunden, darunter eine Menge Carotinoide und über 150 verschiedene Aromastoffe. Der typische, intensive Geschmack geht vor allem von dem ätherischen Öl Safranal aus. Safran hat eine positive Wirkung auf viele Krankheitsbilder. Als Antioxidantium stärkt er das Immunsystem, erhöht die Aufnahme von Sauerstoff in den Zellen und hilft Blutdruck und Cholesterinwerte zu senken. Er wirkt allgemein anregend, schmerzlindernd und stimmungsaufhellend. Bestimmte Inhaltsstoffe, wie der Farbstoff Crocin, sollen das Wachstum bei Brustkrebs verlangsamen. Neue Studien weisen positive Wirkungen bei Alzheimer, PMS, Fettsucht und Depressionen nach.

Verwendung in der Küche

Trotz des süßlichen Geruchs schmecken die getrockneten Fäden leicht bitter. Safran kann sowohl für pikante Gerichte (spanische Paella) als auch für Süßspeisen (»Safran macht den Kuchen gel …«) verwendet werden. Aufgrund des hohen Preises wird er immer wieder gefälscht, daher besser ganze Fäden aus seriösen Quellen erwerben. Als hochwertige Sorten gelten »Negin«, »Sargol« und »De La Mancha« (spanischer Safran). Echten Safran erkennt man an dem typischen Geruch und der tiefroten Farbe. Er sollte immer luftdicht, licht- und feuchtigkeitsgeschützt gelagert werden. Am besten die Fäden frisch mörsern, kurz in Wasser einweichen und erst gegen Ende der Garzeit hinzufügen. Safran vernünftig dosieren. Bei Dosierungen über 10 g kann es zu schweren Schäden bzw. einem Schwangerschaftsabbruch kommen.

Rezept: Persischer Safran-Reis (Tahdig)

- 2 Tassen Basmati-Reis waschen und mit 4 Tassen gesalzenem Wasser 5 Minuten kochen, dann in ein Sieb abgießen.
- 1 – 2 Kartoffeln in 2 mm dicke Scheiben hobeln. In einem Topf 2 EL Kokosöl erhitzen und den Topfboden mit den Kartoffelscheiben fächerförmig auslegen. Kurz anbraten lassen, dann den Reis kegelförmig darauf aufschichten. Zwischen Topf und Deckel ein sauberes Küchentuch dicht einklemmen. (Es nimmt überschüssige Feuchtigkeit auf.) 30 Minuten bei kleiner Hitze ziehen lassen.
- ¼ TL Safranfäden mörsern oder mit einem Stück Würfelzucker zerreiben. In 3 EL warmem Wasser einweichen und kurz vor Ende der Kochzeit zum Reis geben.
- Zum Schluss den Topf in kaltes Wasser stellen, damit sich die Kartoffelkruste ablöst und den Tahdig auf eine Platte stürzen.

Seelische Wirkung

Erleuchtung: ***»Alles ist das Eine!«***

Safran hebt unser Bewusstsein aus den Begrenzungen des Alltäglichen auf eine übergeordnete Ebene hinaus.

Kontemplation: »Alles ist das Eine«

- Suche dir einen ruhigen Ort, setze dich bequem und mit aufrechter Wirbelsäule hin. Lasse deinen Atem tief gehen und sinke dabei mit deiner Aufmerksamkeit ganz in deinen Leib. Was kannst du gerade an Körperempfindungen wahrnehmen? Schmerz, Wohlbefinden, Spannungen …
- Dehne nun deine Aufmerksamkeit über deinen Körper hinaus aus. Untersuche folgende Fragen: Wo endet mein Bewusstsein? Kann ich eine Grenze finden? Gibt es etwas, das außerhalb von mir selbst liegt? … Nach einer Zeit komme mit einem tiefen Atemzug wieder ganz in deinen Körper zurück und bewege bewusst deine Finger und Zehen.

Salbei

Der Echte Salbei, auch Küchensalbei genannt, ist ein kleiner Strauch von bis zu 80 Zentimetern Höhe. Er besitzt gegenständige, filzig-samtige Blätter von grau-grüner Farbe. Die Lippenblüten sind blauviolett, rosa oder weiß und stehen in Quirlen an den Triebspitzen. Ihr Nektar ist bei Bienen sehr beliebt. Nach der Befruchtung bilden sich Klausenfrüchte mit schwarzen Samenkörnern. Weltweit existieren über 800 Salbeisorten, etwa der thujonfreie Lavendelblättrige Salbei *(Salvia lavandulifolia)*. Aufgrund des ähnlichen Aussehens wird »griechischer Bergtee« *(Sideritis scardica)* oft für Salbei gehalten, er gehört jedoch zur Gattung der Gliedkräuter.

Geschichte

Der Salbei stammt aus dem warmen Mittelmeerraum, wo er auch verwildert vorkommt. Bei uns wird er seit dem Mittelalter angebaut und ist wichtiger Bestandteil von traditionellen Bauerngärten. Dass wir es beim Salbei mit einer alten Heilpflanze zu tun haben, verrät schon sein Name (lat. *salvare* = heilen, bewahren, retten). Zu Pestzeiten rieb man sich mit ihm den Körper ein oder desinfizierte mit seinem Rauch die Luft in Krankenzimmern. Hildegard von Bingen

und Paracelsus empfahlen ihn gegen Fieber, Zahnschmerzen und bei Harnwegsproblemen.

Inhaltsstoffe und körperliche Wirkung

Das ätherische Öl wird von Thujon und Kampfer bestimmt. Daneben enthält Salbei Gerb- und Bitterstoffe sowie eine Vielzahl an Flavonoiden. Salbei wirkt entzündungshemmend, zusammenziehend, durchblutungsfördernd und unterstützt die Verdauung von fetten Speisen. Das enthaltene Salvin tötet Bakterien, ganz ähnlich dem Penizillin. Bei Entzündungen im Mund- und Rachenraum hilft Gurgeln mit lauwarmem Salbeitee. Er stimuliert auch die Östrogenausschüttung (z. B. in den Wechseljahren), fördert die Menstruation und das Abstillen. Die enthaltene Rosmarinsäure ist Bestandteil von Naturdeodorants und vermindert die Schweißbildung bei Füßen und feuchten Händen. Achtung: Salbeitee ist nicht für Stillende und den Dauergebrauch geeignet.

Verwendung in der Küche

Der herbe, kampferartige Geschmack von Salbei passt perfekt zur mediterranen Küche, sei es in Gemüseragouts oder dem traditionellen Saltimbocca. In Butter gebratene Salbeiblätter liefern eine raffinierte und aromatische Zutat zu Gnocchi oder Nudeln. Die Blätter unterstützen die Fettverdauung, die Blüten sind ein dekoratives Küchengewürz.

Rezept: sommerliche Pasta mit Salbei

- 2 große Zwiebeln und 4 Knoblauchzehen schälen, hacken und in Olivenöl bei mittlerer Hitze anschwitzen. Eine großzügige Menge frische Salbeiblätter (2 Handvoll) kurz mitdünsten.
- 2 große, aromatische Ochsenherztomaten (oder 8 normale) würfeln und zugeben. Mit Salz, frisch geriebenem Pfeffer und einem Schuss Agavensirup abschmecken und zugedeckt 2 Minuten köcheln lassen.
- 500 g Spaghetti al dente kochen, abseihen und mit der Sauce vermischt servieren.

Rezept: wilde Blüten-»Butter«

- 200 g weiche Biomargarine mit 1 Handvoll abgezupfter Salbeiblüten mischen. Es können auch frische Gartenkräuter oder gehackte Lavendel-, Kapuzinerkresse- oder Ringelblumenblüten zugefügt werden.
- Mit Salz abschmecken, auf ein Stück Backpapier geben und zu einer Rolle formen.

Seelische Wirkung

Grenzen: ***»Durch Klarheit erschaffe ich Entfaltungsraum!«***
Salbei schützt vor Fremdbestimmung und hilft, das Eigene wieder deutlicher zu spüren.

Ritual: Zeit für mich

- Wovon hättest du gerne mehr in deinem Alltag? Mehr Sport, Sinnlichkeit, Meditation, Museumsbesuche, Kontakt mit Freunden, Natur …? Wähle eine Tätigkeit aus, bei der du dich richtig gut spüren kannst. Dann bestimme dafür einen Zeitpunkt in deinem Wochenplan, an dem es realistisch ist, dein Vorhaben in die Tat umzusetzen. Ein Beispiel: »Jeden Montag ab 19 Uhr gehe ich tanzen.«
- Veranlasse alles Nötige, damit diese »Zeit für dich« ungestört bleibt: Babysitter, Arbeitsteilung, Telefonate … Bei einem anspruchsvollen Familien- oder Arbeitsalltag wird sich dein Vorsatz nur durch klare Grenzen umsetzen lassen. Und diese gilt es deutlich zu kommunizieren: »Meine Lieben, jeden … stehe ich euch von … bis … Uhr nicht zur Verfügung.«

Salz

Speise- oder Tafelsalz besteht größtenteils aus Natriumchlorid (NaCl), das in der Natur in großen Mengen vorkommt (vor allem gelöst im Meerwasser). Heute wird Salz in warmen Küstengebieten in sogenannten »Salzgärten« gewonnen. Dazu pumpt man Meerwasser in eine Abfolge von flachen Verdunstungsbecken. Der Sättigungsgrad der Sole nimmt immer mehr zu, bis das Salz schließlich auskristallisiert. Aus einem Liter Meerwasser lassen sich etwa drei Esslöffel Meersalz gewinnen. Das teuerste Meersalz der Welt heißt »Fleur de Sel« (»Blume aus Salz«) und wird an der Atlantikküste in Handarbeit abgeschöpft. Seinen besonderen Geschmack bekommt es durch die enthaltenen Mineralien (Calcium- und Magnesium-Sulfat).

In Binnenländern baut man das »weiße Gold« in Steinsalzlagerstätten ab, die in der Urzeit durch Austrocknung von Meeresbuchten entstanden sind. Dies kann bergmännisch durch Sprengung erfolgen oder durch solende Gewinnung. Bei dieser werden unterirdische Solequellen angebohrt, die austretende Sole aufgefangen, chemisch bearbeitet und anschließend eingedampft.

Geschichte

Salz ist seit Beginn der Menschheitsgeschichte eine wichtige Handelsware für die Zubereitung der Nahrung oder das Pökeln von Fleisch. Bereits in der Steinzeit nutzte man natürliche Solequellen, zum Beispiel in Halle a. d. Saale oder in Hallein im österreichischen Salzkammergut. Das austretende, sehr salzhaltige Grundwasser wurde in Siedehäusern eingedampft oder für Trinkkuren verwendet. Später begann man zusätzlich mit dem bergmännischen Untertagebau. Für den Handel mit Salz wurden eigens Verkehrswege errichtet (»Salzstraßen«) und Abgaben eingeführt (»Salzsteuer«), die einigen Städten großen Reichtum brachten. Bei den Römern war Salz zeitweilig sogar ein Zahlungsmittel (»Salär«, engl. »salary« = Gehalt). Der große Dichter Khalil Gibran schrieb: »Es muss etwas ungewöhnlich Heiliges im Salz sein: man findet es in unseren Tränen und im Meer.«

Inhaltsstoffe und körperliche Wirkung

Salz ist ein wichtiger Mineralstoff, der für Knochen, Wasserhaushalt, Nervensystem und Verdauung benötigt wird. Es muss regelmäßig zugeführt werden (3 – 5 g/Tag), da es beim Schwitzen und durch Ausscheidungen verloren geht. Salz ist jedoch nicht gleich Salz. Während raffiniertes Kochsalz rein aus Natriumchlorid besteht und oft mit Zusatzstoffen (Rieselhilfe, Jod, Fluor …) versetzt wurde, besitzt unbehandeltes und traditionell abgebautes Meer- oder Steinsalz viele Mineralien und Spurenelemente in natürlichem Verbund.

Salz verstärkt den Geschmack von Speisen und bewirkt im Körper zusätzlich eine Ausschüttung von Dopamin (»Glückshormon«). Produkte der Lebensmittelindustrie beinhalten deswegen oft mehr Salz, als den Menschen gut tut. Der hohe Salzkonsum in den Industrieländern steht in direktem Zusammenhang mit der steigenden Anzahl an Menschen mit Bluthochdruck. Studien zeigen, dass eine Halbierung der durchschnittlich in Deutschland konsumierten Salzmenge von 12 auf 6 g/Tag viele blutdrucksenkende Pharmazeutika unnötig machen würde.[13]

Tipp: Salz in der Hausapotheke

- Salz wirkt desinfizierend. Daher hilft Inhalieren mit Salzwasser (9 g Salz auf 1 l Wasser) bei Husten, Nasenspülungen bei Schnupfen, Gurgeln bei Halsschmerzen und Zahnfleischentzündung. Peelings mit grobem Meersalz verbessern die Durchblutung und regenerieren die Haut. Solebäder (1 – 2 Tassen/Vollbad) unterstützen bei Neurodermitis, Schuppenflechte und Akne.

Verwendung in der Küche

Neben dem Konservieren der Nahrung verringert Salz die Löslichkeit anderer Geschmacksstoffe, wodurch deren Aroma deutlicher wahrgenommen wird. Würzt man beispielsweise Süßspeisen mit einer Prise Salz, kann der Zucker reduzieren werden. Salz im Kochwasser von Gemüse verringert die Garzeit (Achtung: gilt nicht für Hülsenfrüchte). Im Brotteig steuert es die enzymatische Gärung und macht ihn formstabiler.

Aromatisiertes Salz erlebt derzeit einen Boom. Neben verschiedenen Kräuter-Salz-Mischungen gibt es Rauchsalz und »Kala Namak« zu kaufen. Ersteres wird über mehrere Tage dem Rauch von Buchen- oder Hickoryholz ausgesetzt und ist in der US-amerikanischen Küche populär. »Kala Namak«, auch Schwarzes Salz genannt, wird unter Rühren zwei Tage lang stark erhitzt, wodurch sich das enthaltene Natrium teilweise in Schwefelwasserstoff umwandelt. Es schmeckt dann deutlich nach gekochten Eiern und ist bei Veganern als Ei-Ersatz beliebt (siehe Rezept »*Rührei*« Seite 172).

Rezept: kanarische Salzkartoffeln Papas arrugadas mit Mojo verde

- 1 kg Biokartoffeln (kleine Größe) gut waschen und ungeschält in einen Topf geben. Bis zur Hälfte mit Wasser bedecken und 4 EL grobes Meersalz darüber streuen. Ein zusammengefaltetes Tuch zwischen Topf und Deckel klemmen, damit der Wasserdampf abziehen kann. Die Kartoffeln gar kochen (ca. 20 Minuten). Dann das restliche Wasser abschütten und die Kartoffeln weitere 20 Minuten auf der warmen Herdplatte ausdampfen lassen. Dabei den Topf mehrmals schütteln. Die Schale bekommt ihr typisches schrumpeliges Aussehen mit Salzkruste.
- Für die Mojo verde die Blätter von je 2 Bund frischem Koriander und Petersilie, 8 geschälte Knoblauchzehen, 1 entkernter grüner Gemüsepaprika gemeinsam mit 60 ml Essig pürieren. Dann langsam 150 ml Olivenöl einrühren und mit Salz, Pfeffer und gemahlenem Kreuzkümmel abschmecken.

Rezept: Chili-Kakao-Salz

- 2 getrocknete Chilischoten mörsern und mit 2 EL Kakao und 100 g Meersalz mischen.
- Luftdicht und dunkel aufbewahrt hält sich das Salz einige Monate.
- Die extravagante Mischung harmoniert gut mit Rotweinsaucen und gibt mexikanischen Gerichten eine besondere Note (zum Beispiel Chili con/sin carne). Bei heißen Gerichten erst kurz vor dem Servieren zugeben. Als Kaffeegewürz eine Prise in den Espresso geben.

Seelische Wirkung

Zauberformel: ***»Ich berge das Wesentliche!«***

Salz hilft, die Aufmerksamkeit auf den Kern der Dinge zu lenken.

Meditation: den gordischen Knoten lösen

- Immer wieder stellt uns das Leben vor scheinbar unlösbare Probleme, an denen wir schier verzweifeln können. Und je mehr wir darüber grübeln, desto unbehaglicher wird die Angelegenheit. Probiere hier eine andere Herangehensweise.
- Ziehe dich für eine Zeit zurück, um dein Thema in Ruhe fühlen zu können. Setze dich aufrecht und entspannt hin. Gedanken zur Situation tauchen auf, Erklärungen und Rechtfertigungen. Lass sie alle ziehen, sie sind unwichtig. Halte nichts fest, sondern mache es wie das Salz, das sich ganz im Wasser auflöst. Nichts bleibt übrig. Gefühle und Gedanken k o m m e n und g e h e n wie die Wogen des Meeres. Du bist das Salz im Meer, unsichtbar und doch präsent.
- Mache diese Meditation 1x täglich für 2 – 3 Wochen und du wirst sehen, dass sich Wesentliches in deinem Leben verändert. Der gordische Knoten beginnt sich zu lösen.

Schnittlauch

Schnittlauch ist eine mehrjährige, bis zu 50 Zentimeter hohe Pflanze. Aus einer kleinen, eiförmigen Zwiebel wachsen ein- bis zweiröhrige, dunkelgrüne Blätter. Der Blütenstand ist kugelförmig und sitzt endständig auf einem eigenen, etwas härteren Halm. Er besteht aus 30 – 50 zartlila Blüten. Nach der Befruchtung bilden sich Kapselfrüchte mit schwarzen Samen. Schnittlauch wächst oft in vielblättrigen Horsten, da sich die Zwiebeln unterirdisch vegetativ vermehren.

Geschichte

Schnittlauch stammt ursprünglich aus Zentralasien oder dem Mittelmeerraum. Heute findet man ihn verwildert auf der ganzen Nordhalbkugel, sowohl in gemäßigten Lagen als auch im Gebirge bis in Höhen von 2600 Meter. Seit dem Mittelalter hat er sich einen Platz in den europäischen Kräutergärten erobert. Sein botanischer Name heißt, aus dem Griechischen übersetzt, »Binsen-Lauch« und deutet auf die halmartige Form seiner Blätter hin. Die deutsche Bezeich-

nung verweist auf die Ernte der oberirdischen Pflanzenteile. Im Volksmund nennt man ihn auch »kleinen Bruder der Zwiebel«. Neben der Petersilie ist er bei uns das beliebteste Küchenkraut.

Inhaltsstoffe und körperliche Wirkung

Frische Schnittlauchhalme enthalten viel Vitamin C, A und B-Vitamine sowie Calcium, Magnesium, Eisen, Phosphor und Carotinoide. Ähnlich den Verwandten Lauch und Zwiebel beinhaltet das ätherische Öl flüchtige Schwefelverbindungen (Senföle), die ihr Aroma erst beim Aufschneiden der Halme entfalten. Schnittlauch wirkt verdauungsfördernd, magenstärkend und appetitanregend. Er senkt zu hohen Blutdruck und den Cholesterinspiegel. In der Erkältungszeit wirkt er desinfizierend und schützt vor Infekten. Im Frühjahr reinigt er das Blut und belebt den Kreislauf. Auch in der chinesischen Medizin wird er bei Ermattung empfohlen und bei Impotenz.

Verwendung in der Küche

Das frische, zwiebelartige Aroma der fein gehackten Halme erinnert an Frühling und passt gut zu allen Speisen, die Zwiebelgeschmack vertragen: Kräutersaucen und -aufstriche, Salate oder als Streuwürze auf Brot. Er ist Teil der »Fines herbes«, einer klassischen französischen Kräutermischung. Diese enthält auch Kerbel, Petersilie und Estragon und wird ebenfalls zum Würzen von Saucen und Suppen eingesetzt. Schnittlauch verwendet man am besten frisch aus dem Garten oder auch tiefgefroren, denn beim Trocknen verliert er sein Aroma. Auch seine dekorativen Blüten sind essbar. Warme Speisen verziert man kurz vor dem Servieren mit den grünen Röllchen, um den Geschmack zu bewahren und von den enthaltenen Vitaminen möglichst zu profitieren.

Rezept: klassischer Kartoffelsalat

- 750 g festkochende Kartoffeln in reichlich Wasser gar kochen, schälen und in ½ cm dicke Scheiben schneiden. 1 rote Zwiebel schälen und fein hacken.
- Beides zusammen in eine Schüssel geben und mit ¼ l warmer Gemüsebouillon übergießen (siehe Seite 105). 3 EL Apfelessig, 3 EL Sonnenblumenöl, ½ TL Estragonsenf, Pfeffer und Salz gut vermischen und unterrühren. 1 Stunde ziehen lassen, eventuell nachwürzen und mit frisch gehacktem Schnittlauch überstreuen.

Rezept: Tofu-»Rührei« auf Brot

- 1 Packung Natur-Tofu mit der Gabel zerdrücken. 1 – 2 EL Rapsöl in der Pfanne erhitzen und 1 fein gehackte Zwiebel darin anschwitzen, bis sie duftet. Tofu mit 1 Prise Kurkuma, Pfeffer, Kala Namak (siehe Seite 166) und 2 EL Wasser zugeben. Gut verrühren, dann heiß auf Brotscheiben verteilen und mit frischem Schnittlauch bestreuen.

- Alternativ zu Kala Namak und Wasser kann auch ein Schuss Sojasauce verwendet werden.

Seelische Wirkung

Ausgelassenheit: ***»Heute ist ein guter Tag zum Feiern!«***
Schnittlauch bringt Freude und Heiterkeit ins Leben.

Ritual: den heutigen Tag feiern

- Wir Menschen tendieren dazu, Vorstellungen zu entwickeln, wie unser Leben zu sein hat. Diese Vorstellungen weichen sehr oft von dem ab, was der Tag uns bringt. Dann fühlen wir uns falsch und unzufrieden. Wir meinen, dass wir erst dann glücklich sein dürfen, wenn das Leben gemäß den Plänen unseres Verstandes verläuft. Trotz aller Bemühungen ist das Glück dann immer eine Nasenlänge von uns entfernt – wie beim Esel und seiner Karotte.
- Mache es heute anders. Erkläre diesen Tag zu einem Tag der Freude! Er darf genau so sein, wie das Leben ihn dir schenkt. Du brauchst daran nichts zu basteln, nichts zu manipulieren, denn er ist schon jetzt vollkommen. Mit allem, was er bringen mag. Aber was ist mit traurigen oder schmerzhaften Ereignissen? Diese wandeln sich, wenn du ihnen gelassen (oder gar aus-gelassen) begegnest. Koste den ganzen Tag – deinen Tag – in vollem Umfang aus.

Henri Edmond Cross: *La fuite des nymphes* (um 1906)

Senf

Weißer und Brauner Senf sind einjährige Pflanzen von bis zu 100 Zentimetern Höhe, der Schwarze wird sogar bis zu drei Meter hoch. Die Blätter sind länglich oder fiederteilig, mit glattem oder gezähntem Blattrand. Blätter und Stängel sind flaumig behaart. Die gelben Blüten bilden nach der Befruchtung Schoten mit, je nach Sorte, braunen, weißen oder schwarzen Samen. Sie sind geruchlos, schmecken aber stechend scharf. Die schnell wachsende Senfpflanze wird in der Landwirtschaft gerne als Gründüngung verwendet, da ihre weitreichenden Wurzeln eine feinkrümelige Erde bilden. Man kann sie auch zur Sanierung von mit Blei verseuchten Böden einsetzen.

Geschichte

Die Senfpflanze stammt ursprünglich wahrscheinlich aus dem Mittelmeerraum. Doch auch in China soll sie bereits vor 3000 Jahren als Gewürz verwendet worden sein. Das erste europäische Senfrezept stammt aus der Römerzeit (100 n. Chr.). Senf spielte (neben Meerrettich) eine wichtige Rolle als Scharfmacher in der Küche, lange bevor Pfeffer und Chili nach Europa kamen. Mittlerweile wächst Senf

in vielen Gebieten der Erde als Neophyt. Kultiviert werden heute vor allem der Weiße und Braune Senf, da der Schwarze maschinell schwerer zu ernten ist.

Inhaltsstoffe und körperliche Wirkung

Senfkörner enthalten je etwa 30 % Fett und Eiweiß, dazu ca. 2,5 % Sinalbin (Weißer Senf) oder 1 % Sinigrin (Brauner und Schwarzer Senf). Die zunächst milden Senfölglykoside entwickeln beim Quetschen der Körner und im Kontakt mit Flüssigkeit einen stechend scharfen Geschmack (ähnlich wie bei Meerrettich und Wasabi). Senf wirkt antibakteriell, appetitanregend und verdauungsfördernd. Die zu Mehl gemörserten Samen werden äußerlich für Umschläge eingesetzt, wo sie eine stark durchblutungsfördernde Wirkung entfalten (hilfreich bei Bronchitis oder Rheuma). Achtung: aufgrund der hautreizenden Eigenschaft die richtige Dosis beachten. Nicht für Kinder oder während der Schwangerschaft, bei Nervenentzündungen und Magengeschwüren einsetzen!

Verwendung in der Küche

Senf gibt es in verschieden scharfen Geschmacksstufen, von mittelscharf bis extra scharf. In der europäischen Küche werden die Körner vorwiegend zum Einlegen von Gartengemüse und zur Herstellung von Tafelsenf verwendet. Letzterer ist eine traditionelle Würze für Würste, dient aber auch zum Emulgieren von Mayonnaise und Vinaigrette.

In Indien nutzt man Senfsamen für Currypasten und in Gewürzmischungen. Zumeist werden sie vorher etwas in Ghee oder Öl angeröstet und bekommen damit ein leicht nussiges Aroma. Aus den Samen wird auch Speiseöl gewonnen. Es muss vor dem Verzehr unbedingt bis zum Rauchpunkt erhitzt werden, um die vorhandenen Senfölglycoside abzubauen (Erucasäure unter 5 %).

Die scharfen Blätter und Blüten der Senfpflanze können roh als Gewürz für Salate verwendet oder wie Spinat gegart werden. Die Samen lassen sich im Keimapparat zu Sprossen ziehen. Sie schmecken ebenfalls scharf und würzig. Als »Szechuangemüse« werden eingelegte Senfsprossen bezeichnet, die in China weit verbreitet sind.

Rezept: selbstgemachter Senf

- 2 EL braune Senfsamen in der Gewürzmühle fein mahlen. Mit 2 EL Apfelessig, 2 EL Olivenöl, ½ TL gemahlenem Kurkuma und ½ Apfel im Mixer pürieren. Mit Salz, Pfeffer und eventuell Agavendicksaft abschmecken, in ein Schraubglas füllen und kühl lagern. Man kann auch mediterrane Gewürze (Thymian, Estragon, Majoran …) zufügen. Anfangs ist der Senf sehr scharf, er wird mit der Zeit milder.

Rezept: Wildkräutersalat mit Senfdressing

- Junge Blätter und Blüten von Löwenzahn, Kapuzinerkresse, Gänseblümchen, Vogelmiere oder anderen Wildkräutern verlesen und in eine Schüssel geben.
- 1 TL mittelscharfen Senf mit 1 EL Wasser, 2 EL Weißweinessig und 4 EL Sonnenblumenöl verquirlen. Mit Salz und Pfeffer abschmecken und über den Salat träufeln.

Seelische Wirkung

Urvertrauen: **»Ich zeige mich, wie ich bin!«**
Senf verstärkt Zuversicht und Gelassenheit, in jeder Umgebung zurecht zu kommen und überall einen guten Platz für sich zu finden.

Ritual: das freundliche Universum

- Kaufe dir einen Taschenkalender oder ein kleines Notizbuch, das du im Alltag mit dir mitführen und in das du deine Beobachtungen notieren kannst. Halte untertags immer wieder inne und vergegenwärtige dir, was in deinem Leben gerade total in Ordnung ist. Das können auch kleine Dinge sein, wie der Geschmack des Tees am Morgen, das Gespräch mit der Nachbarin, der warme Arbeitsplatz oder der freie Flug der Vögel am Himmel. Spüre dabei das tief in dir liegende Gefühl des Getragenseins vom Leben.
- Je mehr sich dein Notizbuch füllt, umso deutlicher wird es werden, dass du in einem freundlichen Universum lebst. Aber was ist mit all den Kriegen, Hunger und Gewalt auf der Erde? Schalte deinen (inneren) Fernseher aus und bleibe ganz bei deinem eigenen Leben. Mache dir bewusst, wie du gerade durch herausfordernde Situationen reifst und sich dein Urvertrauen stärken kann.

Sternanis

Der Echte Sternanis ist ein immergrüner Baum von bis zu 20 Metern Höhe. Seine ovalen Blätter stehen dicht an den Zweigspitzen, die kugeligen Blüten wachsen einzeln in den Blattachseln. Aus ihnen bilden sich im Herbst die typischen sternförmigen Früchte, die je 8 – 9 verholzte Balgfrüchte mit Samen enthalten. Der Gattungsname *Illicium* (lat. »anlocken«) weist auf den angenehm süßlichen Geruch hin, welcher an die einheimische Anis *(Pimpinella anisum)* erinnert. Diese ist jedoch nicht mit dem Sternanis verwandt, sondern gehört zu den Doldenblütlern.

Geschichte

Der Sternanis stammt ursprünglich aus China, Thailand und Vietnam, wo er seit mindestens 3000 Jahren als Gewürz und Heilmittel im Einsatz ist. Im 16. Jahrhundert importierten ihn Seefahrer erstmals von den Philippinen nach London. Ab dem 17. Jahrhundert kam er auch über den Landweg quer durch Asien bis zum russischen Zarenhof. Schon früh fiel den Menschen auf, dass der Sternanis-Baum

in der Natur weder von Schädlingen noch von Krankheiten befallen wird. Seine keimhemmenden Wirkstoffe können auch den Menschen vor Ansteckung und Parasiten schützen. Ursprünglich lieferte Sternanis den Ausgangsstoff für das Anti-Grippe-Mittel Tamiflu. In Europa ist er vor allem als Geschmacksgeber für Weihnachtsgebäck und Liköre bekannt (Pastis, Pernod), wo er oft das teurere und nicht in diesen Mengen lieferbare echte Anisöl ersetzt.

Inhaltsstoffe und körperliche Wirkung

Der Sternanis enthält 5 – 8 % ätherisches Öl mit dem Hauptbestandteil Anethol (80 – 90 %). Wegen seiner desinfizierenden Wirkung wird er in Südostasien als traditionelles Medikament gegen grippale Infekte, Atemwegs- und Verdauungsprobleme eingesetzt. Er löst Schleim, lindert Hustenreiz, hemmt Entzündungen und senkt das Fieber. Am besten wirkt er vorbeugend oder bei beginnender Infektion (viral oder bakteriell). Die enthaltene Shikimisäure verhindert die Vermehrung von Viren und Bakterien. Sternanis pulverisiert oder in Form von Kapseln fördert außerdem die Verdauung und hilft bei Krämpfen des Magen-Darm-Trakts, Hexenschuss und Zahnschmerzen. Als sanftes Mittel ohne Nebenwirkungen kann er auch Säuglingen und Kindern bei Koliken gegeben werden. Achten Sie beim Kauf auf vertrauenswürdige Quellen, um Verunreinigungen durch den giftigen Japanischen Sternanis (lat. *Illicium anisatum)* zu vermeiden. Dieser ist nur für Räucherungen geeignet.

Tipp: Erkältungen vorbeugen

- In der kalten Jahreszeit unterstützen 1 – 2 Kapseln Sternanis pro Tag (600 mg) das Immunsystem. Sternanis in hochwertigen Kapseln enthält besonders viel ätherisches Öl.

Verwendung in der Küche

Das süßliche, lakritzartige Aroma von Sternanis ähnelt dem von Anis und Fenchel, ist jedoch etwas schärfer. Es passt gut zu Birnen, Maroni und Feigen, in Kompotte, Glühwein und weihnachtliche Backwaren. Besonders wichtig ist Sternanis für die asiatische Küche, wo er vielfältig verwendet wird (siehe Rezept *5-Elemente-Gewürz,* Seite 70). Sternanis verliert sein Aroma nicht durch lange Kochzeiten. Wenn Sie kleine Mengen benötigen, dann einfach einzelne Zacken abbrechen. Das Aroma steckt in den Fruchtwänden, nicht im Samen.

Rezept: Gewürzsirup

- 300 g Zucker unter Rühren in ½ l heißem Wasser auflösen. 2 Sternanis, 1 Stange Zimt, 1 aufgeschnittene Vanilleschote, die abgeriebene Schale von 1 Bioorange, 5 zerstoßene Pimentkörner und 5 Nelken zugeben. 10 Minuten köcheln lassen, dann beiseite stellen.
- Am nächsten Tag den Sirup kurz aufkochen und in eine saubere Flasche abseihen. Nach Wunsch einen Schuss in warmen Tee, Obstsaft oder Wein geben.

Rezept: Apfelpunsch

- 1 EL Malventee (in einem Tee-Ei) mit ½ l kochendem Wasser übergießen und 10 Minuten ziehen lassen. Mit ½ l erwärmtem Apfelsaft mischen und nach Belieben aromatisieren, z.B mit dem Gewürzsirup.

Seelische Wirkung

Survival: ***»Jetzt setze ich alles auf eine Karte!«***
Sternanis hilft, ein Risiko einzugehen und sich für die eigenen Werte einzusetzen.

Ritual: das Unbekannte wagen

- Manchmal geraten wir in Situationen, die für uns nicht mehr stimmig sind. Trotzdem harren wir darin aus, ob aus Gewohnheit oder aus Angst vor der nötigen Neuorientierung. Gibt es in deinem Leben etwas, was nach Veränderung ruft? In deinem Tagesrhythmus, in deiner Ernährung, Bewegung, im Job, im Beziehungs- und Familienleben? Wo solltest du einen klaren Schnitt durchführen, um dir selbst treu zu bleiben? Wo musst du vielleicht andere enttäuschen, um gut für dich selbst zu sorgen?
- Fasse dir jetzt ein Herz dazu! Mache dir bewusst, wie du die unausweichliche Veränderung am leichtesten einleiten kannst. Gibt es etwas, das dir dabei hilft? Vorbereitungen im Vorfeld, die Anwesenheit eines vertrauten Menschen, der dir die Energie hält … Dann stecke dir einen Sternanis in die Tasche und springe … !

Stevia

Stevia, auch Honig- oder Süßkraut genannt, ist eine mehrjährige Halbstaude von bis zu einem Meter Höhe. Seine elliptischen Blätter wachsen gegenständig mit gezacktem Rand. Die Blüten sind weiß und sitzen in endständigen Trugdolden. Neuerdings gibt es die wärmeliebende Süßpflanze auch bei uns über den Online-Versand und in Gärtnereien zu kaufen. Den Sommer kann sie im Garten verbringen, im Winter braucht sie einen frostfreien Ort im Haus.

Geschichte

Die Heimat des Stevia ist eine Bergkette zwischen Paraguay und Brasilien, wo er seit hunderten von Jahren von den Einwohnern zum Süßen von Mate-Tee und als Heilpflanze verwendet wird. Bis zur Jahrtausendwende galt Stevia noch als Geheimtipp in westlichen Gesundheitskreisen. Erst nach jahrelangen Streitigkeiten wurden 2011 hochreine Extrakte der Steviapflanze in der EU als Lebensmittelzusatzstoff E 960 unter bestimmten Bedingungen zugelassen. Die Blätter dürfen weiterhin nicht als Lebensmittel verkauft werden (nur als Badezusatz). Doch

niemand wird daran gehindert, eine Steviapflanze zu erwerben und sich selbst daraus Tee oder Auszüge herzustellen oder sich den sogenannten Badezusatz als Tee aufzubrühen. Größter Verbraucher von Stevia ist derzeit Japan, wo das Süßkraut seit den 70er Jahren intensiv genutzt wird.

Inhaltsstoffe und körperliche Wirkung

Getrocknete Steviablätter besitzen ca. 7 % Steviolglycoside (Steviosid, Rebaudiosid-A) sowie viele weitere Terpene und Flavonoide. Ihre Süßkraft ist 20 bis 30 Mal größer als jene von Haushaltszucker. Extrakte sind sogar bis zu 300 Mal süßer, daher benötigt man davon jeweils nur winzige Mengen. Diese verändern den Blutzuckerspiegel nicht, auch die Bauchspeicheldrüse schüttet kein Insulin aus. Das Ersetzen von Zucker durch Stevia in der täglichen Ernährung kann gewichtigen chronischen Krankheiten vorbeugen. Denn hohe Blutzucker- und Insulinwerte fördern erwiesenermaßen Entzündungsprozesse im Körper, die in Zusammenhang mit Diabetes, Rheuma, Parodontitis, Alzheimer, Akne … stehen.

Im Gegensatz zu künstlichen Süßungsmitteln (Aspartam u. a.) ist Stevia nicht krebserregend. Es hat keine Kalorien, ist für Diabetiker geeignet und hemmt die Kariesbildung. Dazu ist eine leicht gefäßerweiternde, blutdrucksenkende Wirkung erwiesen. Steviolglycoside sind wasserlöslich und können daher ohne bedenkliche Lösungsmittel gewonnen werden. Im Gegensatz zu Zucker macht die Süße aus Stevia auch nicht abhängig.

Verwendung in der Küche

Der Geschmack von Stevia erinnert an Süßholz. Es eignet sich besonders gut zum Süßen von Getränken (Tee, Smoothies, Säfte …) und Cremedesserts. Ein gesunder Früchtetee für Kinder lässt sich aus einer Mischung aus Hagebutte mit etwas Fenchel und Steviablättern einfach

selbst herstellen. Für kalte Limonaden oder Smoothies ist ein Stevia-Auszug praktisch oder die zu Pulver gemörserten, getrockneten Blätter.

Bei der Verwendung von Stevia in traditionellen Kuchenrezepten ist zu beachten, dass es im Teig viel weniger Volumen einnimmt als normaler Haushaltszucker. Daher müssen die Rezepte angepasst werden. Stevia-Produkte aus dem Handel werden zum leichteren Dosieren oft mit Füllstoffen gestreckt (Maltodextrin, Fruktose u. a., Achtung: synthetische Zusatzstoffe vermeiden und eigene Unverträglichkeiten beachten!). Es werden Stevia-Flüssigkonzentrat, Sirup, Tabs (zum Süßen von Kaffee) und Streusüße angeboten. Ein gutes Fertigprodukt sollte mindestens 95 % Steviolglycoside enthalten. Bitte vorsichtig dosieren, da Speisen sonst bitter werden können. Steviolglycoside sind hitzebeständig bis 200 °C.

Rezept: Stevia-Auszug

- In einem Topf 1 Tasse Wasser erhitzen, 1 Handvoll getrocknete (oder frische) Steviablätter zugeben und alles 2 Minuten köcheln. Auskühlen lassen, abseihen und in eine Flasche füllen. Gut verschlossen hält sich der Auszug im Kühlschrank mehrere Monate. Er kann auch portionsweise in Eiswürfelbehälter eingefroren werden.

Rezept: Gingerale

- 50 g frischen Ingwer schälen und in schmale Scheiben schneiden. 2 TL getrocknete Steviablätter mit dem Ingwer in 300 ml Wasser 10 Minuten bedeckt köcheln. 3 Zweige Zitronenmelisse in den Topf zugeben und auskühlen lassen.
- 3 Limetten (oder Zitronen) auspressen und zum Sud geben. Mit Mineralwasser aufgießen und mit Eiswürfeln servieren.

Seelische Wirkung

Mondfrau: ***»Ich besänftige dein Gemüt!«***
Stevia beruhigt und macht innerlich still.

Ritual: Mondspaziergang

- Mache dich in einer klaren Mondnacht zu einem Gewässer auf. Nutze schon den Hinweg, um Alltagsgedanken und Sorgen hinter dir zu lassen. Lausche auf die Geräusche der Nacht, deinen Atem und den Klang deiner Schuhe. Setze dich dann an den Rand des Gewässers oder – falls möglich – nimm ein Boot und fahre in die Mitte des Sees.
- Lass nun alles los, was deine Person ausmacht, alle Vorstellungen von dir selbst. Nutze das regelmäßige Kommen und Gehen deines Atems, die Bewegungen und Klänge des Wassers, um dich in die Arme von Mutter Natur sinken zu lassen, die dich leise wiegt … Wenn du bereit bist, dich innerlich still und angenommen fühlst, dann tritt wieder den Rückweg an.

Süßholz

Das Echte Süßholz ist eine mehrjährige Pflanze von 50 bis 100 Zentimetern Höhe. Seine Blätter bestehen aus zahlreichen eiförmigen, unpaarigen Fiederblättchen. An ihrer Unterseite befinden sich harzig-klebrige Drüsen. An Blattstielen und Stängeln wachsen feine Haare. Die Blüten von Süßholz sind bläulich-weiß gefärbt. Sie stehen in kurzen, aufrechten Ähren, die aus den Blattachseln wachsen. Nach der Befruchtung bilden sich Hülsen mit braunen Samen.

Geschichte

Schon im Altertum wurde der süße Lakritzesaft bei Husten, Infekten und Pilzen angewendet. Auch gegen den Durst waren Getränke aus Süßholz sehr beliebt. Die Ägypter und römischen Soldaten führten Süßholz in ihrem Marschgepäck mit. Da die getrockneten Wurzeln beim Kauen stark ausfasern, verwendete man sie auch als »Natur-Zahnbürste«. In der Medizin Chinas galt Süßholz seit jeher als Herztonikum und Mittel gegen Erkältungen oder Geschwüre. Erst gegen Ende des 18. Jahrhunderts erschuf ein englischer Apotheker die heute bekannte Lakritz-Süßigkeit. Dazu kochte er die geriebene Wurzel mit

Wasser aus und vermischte den Auszug dann mit Zucker, Mehl, Salmiak, Aromen und Kohlepulver zu einem dickflüssigen, schwarzen »Kleister«.

Inhaltsstoffe und körperliche Wirkung

Der aus dem Süßholz gewonnene Stoff Glycyrrhizin hat die 50-fache Süßkraft von Haushaltszucker. Er verleiht der Lakritze ihren typischen Geschmack. Neben weiteren Glykosiden enthält Süßholz außerdem Saponine, über 40 Flavonoide und ätherische Öle (Geraniol, Anethol).

Es wirkt entzündungshemmend, entkrampfend und belebend bei niedrigem Blutdruck. Die Saponine wirken schleimlösend und auswurffördernd bei Husten. In Ostasien ist es ein bekanntes Mittel gegen Hepatitis. Laut TCM stärkt es alle Meridiane und damit die Lebensenergie. Vorsicht: Bei hohem Blutdruck und in der Schwangerschaft sollte man Lakritze nicht regelmäßig oder in großen Mengen verzehren!

Verwendung in der Küche

Der Geschmack von Süßholz erinnert an Anis und Fenchel. Er polarisiert: Manche lieben das Aroma, andere können es nicht ausstehen. Besonders populär ist es in Skandinavien und in den Niederlanden, wo man süße und salzige Lakritze kaufen kann. Häufig wird Süßholz in Teemischungen gegeben, in Alkohol (Lakritzlikör, finnischer Kossu) oder Erfrischungsgetränke. Es ist auch Bestandteil bestimmter Tabaksorten.

Rezept: Halloween-Spinnen

- 70 g Kakaobutter im Wasserbad schmelzen lassen. Dazu das Gefäß mit der Kakaobutter in einen Topf mit warmem (nicht kochend!) Wasser geben. In die flüssige Kakaobutter 100 g Rohkakaopulver und 100 g Kokosblütenzucker einrühren.
- Leicht abkühlen lassen und aus der Masse mit den Händen kleine Kugeln formen. Diese in Schokostreusel oder Kakaonibs wälzen. Lakritzbeine und Augenperlen (Tortendeko) anbringen.
- Kühl lagern.

Rezept: Süßholz-Minze-Tee

- 1 Stückchen Süßholzwurzel, 1 gemörserter Zacken Sternanis und 1 Zweig frische Minze in ¼ l kaltes Wasser legen, aufkochen und 5 Minuten ziehen lassen.
- Schmeckt warm oder kalt.

Seelische Wirkung

Perlentor: ***»Ich ergründe die Geheimnisse weiblicher Sexualität!«***

Süßholz regt an, zu einer Entdeckungsreise in die Welt weiblicher Lust aufzubrechen.

Ritual: Slow Sex

- Guter Sex ist wie Medizin für den Menschen. Doch viele in unserer Gesellschaft fühlen sich mit der traditionellen, männlich geprägten Art des Geschlechtsverkehrs unerfüllt. Die Sexualtherapeutin Diana Richardson ermutigt zu neuen Erfahrungen jenseits des konventionellen Sex, indem wir mehr Entschleunigung und Entspannung im Bett zulassen (vergleichbar mit »Slow food« beim Essen). Zum Thema »Slow Sex« hat sie ein Buch und einen Film gemacht. Ablassen von der Leistungsgesellschaft, sich mehr Zeit für die Liebe nehmen, ein Bewusstsein für die eigenen Geschlechtsteile entwickeln und Wünsche aussprechen … all das schafft ein erfüllteres Liebesleben und bringt neue Intimität in bereits »abgekühlte« Beziehungen.
- Finde deine eigene Art, mehr spielerische Präsenz und Bewusstsein in deinen Schoß zu bringen. Lies das »Slow Sex«-Buch, besuche ein Seminar, trage dir Zeit für entspannte Liebesräume in deinem Terminkalender ein … Sex ist eine gute Meditation und Achtsamkeitsübung. Dadurch kannst du dir selbst und deinem Partner oder deiner Partnerin näher kommen.

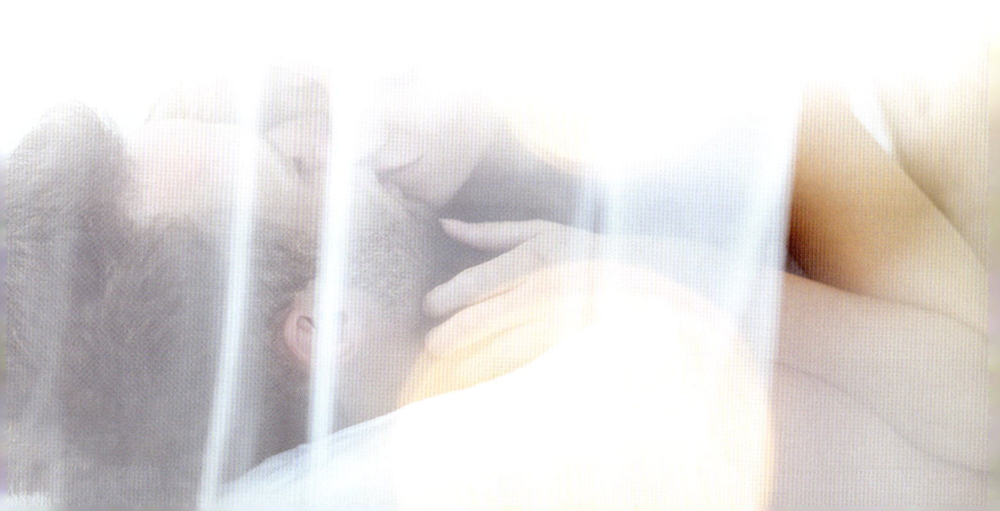

Thymian

Der Echte Thymian ist ein kleiner, mehrjähriger Strauch von bis zu 40 Zentimetern Höhe. Er bildet eine kräftige Pfahlwurzel und stark verzweigte Äste aus. Seine kleinen Blätter sind graugrün, länglich und besitzen eine filzig weißliche Unterseite. An den Zweigenden wachsen kleine weiße oder rosa Blüten in Scheinquirlen, deren Nektar bei den Bienen beliebt ist. Später entwickeln sich kugelige Nussfrüchte. Zur Gattung *Thymus* gehören rund 350 Arten aromatischer Halbsträucher, darunter der Garten-, Zitronen-, Orangen-, Kümmelthymian und Quendel (wilder Thymian).

Geschichte

Thymian stammt ursprünglich aus dem warmen Mittelmeerraum. Sein Name leitet sich von griechisch *thymos* (Mut, Kraft, Geist) ab. Bereits die alten Ägypter verwendeten ihn als Parfum und zum Einbalsamieren. Auch die Griechen räucherten ihn zur Ehre der Götter. Römische Soldaten nahmen Thymianbäder zur Stärkung, bevor sie in die Schlacht zogen. Im Mittelalter steckten holde Damen ihren Rit-

tern vor dem Kampf Thymianzweige an, um ihnen Glück und Schutz zu bringen. Die Äbtissin Hildegard von Bingen wiederum erkannte in der Pflanze ein heilkräftiges Mittel gegen Keuchhusten. Über die Alpen gelangte die frostempfindliche Pflanze im 11. Jahrhundert und wurde dann in den Klostergärten kultiviert.

Inhaltsstoffe und körperliche Wirkung

Thymian enthält eine Fülle an ätherischen Ölen (vor allem Thymol, Carvacrol, Geraniol …), auch Flavonoide, Bitter- und Gerbstoffe. Gehalt und Zusammensetzung schwanken sehr stark je nach Anbaugebiet und Erntezeit (1 – 7 %). Über den Blutkreislauf gelangen die Inhaltsstoffe bis in die Atemwege, wo sich ihre antibiotische, schleimlösende und entkrampfende Wirkung entfaltet. Thymian ist ein traditionelles Mittel gegen Bronchitis und Asthma. Im Verdauungstrakt hemmt er Pilze, Bakterien und Würmer und macht fette Speisen bekömmlicher. In der Frauenheilkunde wird die vielseitige Heilpflanze in Form von Tee oder Tinktur gegen Menstruationskrämpfe eingesetzt, zur Regulation des Zyklus und bei Wechseljahresbeschwerden. Sie wirkt auch entzündungshemmend bei Rheuma oder Hautverletzungen und beruhigend bei Einschlafstörungen.

Tipp: Thymian-Fencheltee bei Darminfekten

- Getrockneter Thymian und Fenchelsamen im Verhältnis 1:1 mischen. 3 x täglich 1 TL davon mit einer Tasse kochendem Wasser überbrühen, 5 – 10 Minuten ziehen lassen, dann abseihen und zu den Mahlzeiten trinken.

Tipp: Hustenzucker

- 1 TL Thymian, je 1/3 TL Fenchelsamen und Eibischwurzel mit 2 EL Rohrzucker vermischen. Im Mörser verreiben und in ein Schraubglas füllen. Bei Husten als schnelle Hilfe zwischendurch ½ TL einnehmen oder in warmem Kräutertee auflösen.

Verwendung in der Küche

Das in der mediterranen Küche vielseitig verwendete Gewürz schmeckt stark aromatisch und erdig-pfeffrig. Thymian harmoniert sehr gut mit Zwiebeln und Wein, er passt sehr gut zu Pilzsaucen, Kartoffeln, Tomatenragouts oder deftigen Grillmarinaden. Zitronen- oder Orangenthymian schmeckt etwas frischer und wird daher oft für leichte sommerliche Genüsse verwendet (unter anderem in Obstsalat). Quendel wiederum ist milder als Gartenthymian. Man kann Thymian ohne Einbuße von Aroma durchaus länger mitgaren.

Rezept: gefüllte Champignons

- 200 g Champignons putzen, die Stiele entfernen und klein schneiden. 2 Knoblauchzehen schälen und fein hacken. Beides zusammen mit 2 EL Hefeflocken und ½ TL getrocknetem Thymian mischen und mit dem Saft von ½ Zitrone und 2 EL Olivenöl verrühren. Mit Pfeffer und Salz würzen. Die Mischung in die Pilzkappen füllen.
- Die Pilze in eine gefettete Auflaufform setzen und bei 200 °C ca. 20 Minuten im Backofen garen.

Seelische Wirkung

Forschung: ***»Ich will es genau wissen!«***

Thymian hilft, die Aufmerksamkeit zu fokussieren und ein Studienobjekt genau zu analysieren.

Ritual: Blattmeditation

- Mache einen Spaziergang nach draußen und suche dir ein Blatt aus. Nimm es behutsam in deine Hand und schließe die Augen. Wie ist die Beschaffenheit des Blattes? Was kannst du zwischen deinen Fingern spüren? Verdickungen, glatte Stellen, feine Härchen … Wie viel wiegt es? Wie klingt es, wenn du es bewegst? …
- Dann öffne die Augen wieder und betrachte das Blatt mit deiner ganzen Aufmerksamkeit. Sieh dir die vielen Details an: Gliederung, Formen, Farbe … Lass zu, dass deine Umgebung immer unwichtiger wird, während du dich in die Struktur des Blattes vertiefst. Je genauer du schaust, desto mehr gibt es zu entdecken. Die Beobachtung des Blattes kann dich mitten ins Jetzt bringen, ganz mit dem Leben verbinden.

Vanille

Die Gewürzvanille ist eine mehrjährige, immergrüne Orchideenpflanze, die im tropischen Regenwald bis in Höhen von 10 Metern klettert. Sie hat dunkelgrüne, fleischige Blätter und eine Fülle an Luftwurzeln. Die gelben, traubenförmigen Blütenstände duften süßlich. Jede Blüte muss innerhalb eines Tages von Bienen oder Kolibiris befruchtet werden, damit nach neun Monaten die kostbaren, ca. zwanzig Zentimeter langen Schoten geerntet werden können. Diese werden erhitzt, getrocknet und dann abgelagert, um ihr volles Aroma zu entfalten. Es gibt über 100 verschiedene Vanillesorten, von denen fünfzehn die begehrten essbaren Schoten liefern.

Geschichte

Die Gewürzvanille stammt ursprünglich aus Mexiko und wird gerne als »Königin der Gewürze« bezeichnet. Bereits bei den Azteken war sie eine begehrte Köstlichkeit, mit der die Oberschicht ihren Kakao aromatisierte. Ab dem 17. Jahrhundert wurde sie auch in Europa beliebt, besonders am Hof des französischen Sonnenkönigs Ludwig XIV.

Nach der Entdeckung der manuellen Befruchtung konnte die Vanille auch außerhalb von Mexiko kultiviert werden, wobei hier die Insel *Île Bourbon* Weltruhm erlangte (Bourbonvanille). Heute kommen 80 % der Produktion aus Madagaskar. Der Anbau ist aufwändig und macht die Vanille zu einem der teuersten Gewürze weltweit. Früh hat man daher begonnen, ihr Aroma im Chemielabor nachzubauen. Aufgrund der hohen Nachfrage in Lebensmittel-, Pharma- und Parfumindustrie hat künstliches Vanillin heute einen Marktanteil von 97 % erreicht.

Inhaltsstoffe und körperliche Wirkung

Neben dem aromatischen Vanillin im ätherischen Öl (1,5 – 3,7 %) enthält die Vanilleschote eine Vielzahl weiterer Begleitstoffe, die ihr besonderes Aroma ausmachen. (Künstliches Vanillin aus Holzabfällen kann da natürlich nicht mithalten.) Natürliche Vanille wirkt entzündungshemmend, pilzwidrig (z. B. bei Hautkrankheiten), krampflösend und schützt die Körperzellen vor Mutationen. Indigene Völker setzen Vanille traditionell bei Schlafproblemen und Nervosität, aber auch zur Steigerung ihrer erotischen Ausstrahlung ein. Tatsächlich besitzen die Duftstoffe einen ähnlichen molekularen Aufbau wie menschliche Pheromone (Sexuallockstoffe). Bis ins 19. Jahrhundert wurde die Vanille bei uns übrigens in Apotheken regulär als Arznei verkauft.

Verwendung in der Küche

Vanille wird in der europäischen Küche fast nur in Süßspeisen verwendet, wie Pudding, Gebäck und Milchreis. Blickt man über den Tellerrand findet man sie weltweit jedoch auch in salzig-scharfen Gerichten, beispielsweise in mexikanischen Bohneneintöpfen oder im Curry. Achtung: besser die echte Vanille kaufen – als Schote oder gemahlen – und nicht das chemisch synthetisierte Vanillin, das neben dem Original einen dürftigen Geschmack aufweist. Das Gewinnen des köstlichen Aromas aus der Schote wird einfacher, wenn diese zuvor kurz in

Flüssigkeit gelegt wird. Dann die Frucht der Länge nach aufschneiden und die kleinen schwarzen Samen mit dem Messer herausschaben. Doch nicht nur diese, auch die Schote selbst enthält das begehrte Aroma. Daher die ausgeschabte Schote nicht einfach wegwerfen, sondern zum Aromatisieren als Ganzes in die Flüssigkeit legen. Die Schote kann mehrfach verwendet werden, indem man sie zwischenzeitlich trocknet. Vermahlen kann sie Eiscreme oder Kuchenteig zugegeben werden. Oder Sie stecken die aufgeschnittene Schote für einen Monat in die Zuckerdose, um gleich dem ganzen süßen Inhalt einen Hauch von Vanille zu verleihen. Die Schoten sind kühl und luftdicht gelagert sehr lange haltbar.

Rezept: klassische Vanillekipferl, vegan

- 300 g Dinkelmehl (oder glutenfreie Mehlmischung) mit 80 g gemahlenen Mandeln, 50 g Puderzucker und 200 g zimmerwarmer Biomargarine (oder Butter) verkneten. 30 Minuten kühl stellen. Dann Kipferl formen und bei 150 °C ca. 15 Minuten backen.
- 1 Vanilleschote fein mahlen (oder käuflichen Bourbon-Vanillezucker verwenden, kein künstliches Vanillin) und mit 150 g Puderzucker mischen. In eine Schüssel geben und die leicht abgekühlten Kipferl darin wenden.

Rezept: Apfel-Vanille-Schaum

- 1,5 kg Äpfel schälen, vierteln, entkernen und in kleinere Stücke schneiden. In wenig Wasser weich dünsten und passieren. 1 Päckchen Vanillepudding in ½ l Wasser anrühren und zum Apfelkompott geben.
- Alles aufkochen, nach Geschmack mit etwas Reissirup, Stevia oder Zucker süßen und erkalten lassen.
- ¼ l pflanzliche »Sahne« aufschlagen. Dann Apfelmus und Sahne schichtweise in Dessertschalen füllen.

duftig-süß, weich, aromatisch

Rezept: Vanille-Himbeerlikör

- 200 g Himbeeren (frisch oder TK), 100 g Zucker und 1 aufgeschlitzte Vanilleschote in ein großes Glas mit Schraubverschluss geben und mit ½ l Wodka übergießen. Gut verschlossen ziehen lassen, immer wieder schütteln.
- Nach 1 Monat durch ein feines Sieb abgießen und in eine schöne Flasche füllen.

Seelische Wirkung

Göttin der Sinne: ***»Ich führe dich ins Reich der Düfte und Klänge!«*** Vanille ist ein Türöffner in die ätherische Welt. Ihre Anziehungskraft lässt uns den Alltag vergessen und lockt uns in einen Raum voller fließender Formen und Farben.

Ritual: Bad der Sinne

- Vermische 2 EL Honig mit 1 Tropfen ätherischem Vanilleöl (30 %), 2 Tropfen Orange und 2 Tropfen Sandelholz. Gib die Mischung ins Badewasser und mache dir den Raum durch Kerzen und leise Musik stimmungsvoll. Tauche ins Wasser, atme die Düfte ein und spüre dabei, wie du immer offener wirst. Die klaren Körpergrenzen verschwimmen mehr und mehr. Schließe deine Augen und gib dich den Wahrnehmungen deiner inneren Sinne hin. Welche Farben, Formen und Bewegungen nimmst du in deinem Energiefeld wahr? Folge den Empfindungen und genieße, wie sich deine Lebendigkeit ausdrückt.
- Nach einer Zeit komme entspannt und vitalisiert in deinen Alltag zurück.

Wacholder

Der Gemeine Wacholder ist ein kleiner, immergrüner Baum oder Strauch von bis zu 12 Metern Höhe. Er bildet ein tief reichendes Wurzelwerk und eine schmale Krone aus. Die nadelförmigen Blätter sind sehr spitz und sitzen jeweils zu dritt in Quirlen am Zweig. An der Oberseite befinden sich helle Streifen. Der Baum ist getrenntgeschlechtig, wächst langsam und kann 600 Jahre alt werden. Bis zum Ausreifen seiner aromatischen blauen Beeren (eigentlich Zapfen) dauert es drei Jahre. Achtung: Der Baum steht in einigen europäischen Ländern unter Naturschutz! Beim Sammeln der Zapfenbeeren die mögliche Verwechslungsgefahr mit dem giftigen Sadebaum beachten. Als Unterscheidungsmerkmal dient, dass die nadelförmigen Blätter des Sadebaums beim Zerreiben stark riechen.

Geschichte

Der genügsame Wacholder wächst auf der gesamten Nordhalbkugel und hat sich ganz unterschiedlichen Landschaftsräumen angepasst: von lichten Wäldern über Steppen bis in gebirgige Standorte von

4000 Metern Höhe. In stark beweideten Gebieten überlebt er durch seine spitzen Nadeln. Die Verwendung von Wacholder als Gewürz, Arznei und Zaubermittel geht weit in die Menschheitsgeschichte zurück. Er galt als »Lebendigmacher« und war Frigga geweiht, der nordischen Göttin für Hausstand, Herdfeuer und Geburt. Man sagte ihm nach, die Seelen der Toten zu bewahren, bis sie sich wieder verkörpern können. Überlieferungen berichten auch, dass unter Wacholderbüschen Zwerge ihre Schätze vergraben. Mit Wacholderräucherungen versuchte man im Mittelalter, Pest und Hexen fernzuhalten.

Inhaltsstoffe und körperliche Wirkung

Wacholderbeeren besitzen 33 % Zucker, 10 % Harze, ätherische Öle (Terpinen-4-ol), Flavonoide und Gerbstoffe. Auch aus dem aromatischen Holz kann man ätherische Öle beziehen. In der Volksheilkunde wird Wacholder zur Stärkung der Verdauung sowie als Durchspülungstherapie bei Infekten der ableitenden Harnwege eingesetzt. Er wirkt antibakteriell, appetitanregend, entwässernd und blutreinigend. Seine ätherischen Öle entspannen und beleben gleichzeitig. Badezusätze mit Wacholder helfen bei beginnender Erkältung. Einreibungen steigern durch ihre hautreizende Wirkung die Durchblutung bei rheumatischen Beschwerden. Achtung: Nicht in der Schwangerschaft oder bei Nierenerkrankungen anwenden!

Verwendung in der Küche

Der Geschmack von Wacholderbeeren ist mild, süßlich und holzig. Traditionell werden sie zu sauer eingelegtem Kraut, geräuchertem Fleisch, Wild und anderen lang gekochten und schwer verdaulichen Eintöpfen gegeben. Vor Verwendung die Beeren kurz andrücken, um ihr Aroma zu verstärken. Durch ihren hohen Zuckergehalt dienen sie auch zur Alkoholherstellung (Gin, Genever …). In der Schweiz wird aus den süßen Zapfenbeeren ein traditioneller Brotaufstrich gekocht.

Rezept: Rotkraut mit Maronen

- 1 Kopf Rotkraut vierteln (harten Strunk entfernen) und fein schneiden. 1 Apfel entkernen und in kleine Stücke schneiden. 1 Zwiebel fein hacken und in einem großen Topf mit etwas Öl anschwitzen. Dazu kommt das Gemüse, 1 TL Wacholderbeeren, 1 Lorbeerblatt und 3 Gewürznelken (praktischerweise in das Blatt stecken). Alles mit etwas Brühe aufgießen und weich kochen. Am Ende der Garzeit das Lorbeerblatt (mit den Nelken) entfernen und 100 g grob gehackte Maroni (vorgegart) zugeben.
- Dazu passen Kartoffelknödel und gefüllte Champignons (Rezept siehe Seite 192).

Seelische Wirkung

der Alchemist: ***»Ich erkenne und wandle die Kräfte in mir!«***
Wacholder zentriert und verbindet mit den Kräften der Erde.

Meditation: den Kessel rühren

- Suche einen Wacholder in deiner Umgebung auf. Falls du keinen finden kannst, wähle einen anderen gut verwurzelten Baum. Nimm zuerst innerlich Kontakt auf und frag um Erlaubnis. Dann setze dich neben den Stamm auf den Boden und schließe die Augen. Wende deine Aufmerksamkeit nach innen. Während du ruhig weiter atmest, beobachte wie aus deinem Schoß energetische Wurzeln in den Boden wachsen. Bei jedem Ausatmen dehnen sich die Wurzeln weiter ins Erdreich aus. Und bei jedem Einatmen steigt frische Kraft aus der Tiefe durch deinen Körper auf. Bis in deine Haarspitzen, bis die ganze Aura damit erfüllt ist.
- Stell dir nun vor, dass dein Energiefeld wie ein großer Kupferkessel ist, gefüllt mit einer nährenden Suppe. Die Kraft der Erde erhitzt diesen Kessel von unten und bringt den Inhalt zum Köcheln. Anteile in dir, die in roher Form vielleicht giftig sind, werden nun gewandelt und bekömmlich. Spüre, wie dich die Kraft der Erde läutert, während du mit deinem Atem sanft im Kessel rührst … Nach einer Zeit bedanke dich und kehre wieder bewusst in die Alltagswelt zurück.

Zimt

Der Echte Zimtbaum oder Ceylon-Zimtbaum ist ein immergrüner Baum von bis zu zehn Metern Höhe. Seine Rinde und Borke riechen sehr aromatisch. Die gegenständig angeordneten Blätter sind eiförmig mit glattem Blattrand und besitzen drei deutlich erhabene Blattnerven. Sie glänzen dunkelgrün, mit hellerer Blattunterseite. Junge Blätter hingegen sind leuchtend rot aufgrund der enthaltenen Anthocyane, die sie vor zu hoher UV-Strahlung schützen. Die gelben Blüten sitzen in Rispen zusammen und bilden später blau-schwarze Steinfrüchte. Kassia-Zimt ist die aromatische Rinde des Chinesischen Zimtbaumes *(Cinnamomum cassia)*. Er ist eigentlich ein eigenständiges Gewürz, wird jedoch oft als (minderwertigere) Zimtsorte angesehen.

Geschichte

In China war Kassia-Zimt, die Rinde des Chinesischen Zimtbaumes, schon vor etwa 5000 Jahren ein begehrtes Gewürz. Arabische Kaufleute brachten ihn bis zu den ägyptischen Pharaonen und ins antike Rom. Er galt als Luxusgut, geriet später aber in Vergessenheit. Der Echte Zimt stammt ursprünglich von der Insel Sri Lanka (Ceylon). Der portugiesische Seefahrer Vasco da Gama brachte ihn 1502 erstmals von einer Reise mit nach Europa. Heute zählt Zimt zu den populärsten

Gewürzen weltweit, wobei in der Lebensmittelindustrie aufgrund des geringeren Preises vornehmlich Kassia-Zimt verwendet wird.

Inhaltsstoffe und körperliche Wirkung

Zimt besitzt einen hohen Gehalt an ätherischen Ölen. In der Rinde ist vor allem Zimtaldehyd (70 %) enthalten, in den Blättern Eugenol (90 %). Zimt wirkt appetitanregend, blutzuckersenkend, löst Verkrampfungen der glatten Darmmuskulatur und regt den Kreislauf an. Die enthaltenen Gerb- und Schleimstoffe pflegen die Darmwände und können Parasiten beseitigen. Die ätherischen Öle wirken entzündungshemmend und antifungizid. Äußerlich angewendet entfaltet Zimt eine wärmende, hautreizende Wirkung. Er aktiviert die Durchblutung, zum Beispiel bei Rheuma oder Sportverletzungen. Das relativ günstige Blattöl ist Bestandteil von Zahnpasten und Kosmetika.

Verwendung in der Küche

Das Aroma der Zimtbaumrinde ist süß und erdig-holzig. Echter Zimt (oder Ceylon-Zimt) ist mild im Geschmack und wird zumeist für süße Speisen und Getränke verwendet (Zimtschnecken, Milchreis, Marillenknödel, Eis, Glühwein, Likör …). Die Zimtstange ist aus mehreren feinen Lagen zusammengesetzt, die wie eine Zigarre zusammengerollt sind. Kassia-Zimt hingegen besteht nur aus einer einzelnen, stärkeren Rindenschicht, deren Ränder sich von beiden Seiten einrollen. Er ist schärfer im Geschmack und wird oft als Pulver für pikante Speisen verkauft (Currygerichte). Kassia-Zimt beinhaltet gegenüber dem Ceylon-Zimt einen erhöhten Cumaringehalt, daher nur maßvoll einsetzen.

In der Küche können ganze Rindenstücke mitgekocht werden (vor dem Servieren entfernen) oder es wird gemahlener Zimt am Ende des Kochvorgangs zugegeben. Je heller die Zimtrinde, desto besser ist die Qualität. In der asiatischen Heimat des Baumes werden auch die Blätter und die unreifen Früchte (»Zimtblüten«) als Gewürz verwendet.

Rezept: einfache Apfelwähe (Apple pie)

- 250 g Dinkelmehl (oder glutenfreie Maismehlmischung) mit 200 g Biomargarine, 100 g gemahlenen Mandeln und 150 g Rohrzucker verkneten. Kühl stellen.
- 1 kg Äpfel schälen, entkernen und in Längsscheiben schneiden. Das Obst mit 4 EL Zucker, 2 TL gemahlenem Zimt und Saft einer ½ Zitrone mischen. Den Boden einer Tarteform mit dem Teig auslegen, diesen auch an den Rändern hochziehen. Dann die Apfelscheiben einschichten und im Backofen ca. 40 Minuten bei 200 °C backen.

Rezept: schnelle Tomatensuppe mit Zimt

- 2 EL Rapsöl im Topf erwärmen, 2 EL Maismehl zugeben und unter Rühren mit ½ l Wasser aufgießen. 1 Dose Tomatenstückchen, 1 EL *Suppenwürze* (siehe Seite 105), 1 Prise geriebene Muskatnuss und Zimt zugeben. 5 Minuten köcheln lassen, dann 100 ml Sojasahne eingießen, gut umrühren und mit Pfeffer und Salz abschmecken.

Seelische Wirkung

der Macher: ***»Ich gestalte und führe mein Umfeld!«***
Zimt hilft dabei, eine klare Haltung einzunehmen und die eigenen Lebenswünsche durchzusetzen.

Ritual: Monopoly oder Backgammon spielen

- Lade deine Kinder oder Freunde zu einem Brettspiel ein. Es geht um den Spaß am Spiel und gleichzeitig darum, dich selbst zu beobachten: Wie setzt du deine eigenen Vorstellungen um? Wie fühlt es sich für dich an, in einer Gruppe die Erste Geige zu spielen und den Ton anzugeben? Wie reagierst du, wenn jemand anderes diese Rolle innehat und du dich diesen Rahmenbedingungen unterordnen musst. Nimm die auftretenden Gefühle wahr, ohne sie zu bewerten.

Heilwirkungen der Gewürze im Überblick

ANTI-AGING Kakao, Limette, Meerrettich, Mohn, Petersilie, Safran, Schnittlauch

APPETITLOSIGKEIT Bockshornklee, Ingwer, Kaper, Kardamom, Koriander, Majoran, Pfeffer, Piment, Schnittlauch, Zimt

ARTERIOSKLEROSE Chili, Gewürznelke, Ingwer, Kurkuma, Zimt

BLASEN-/HARNWEGSENTZÜNDUNG Kaper, Liebstöckel, Meerrettich, Petersilie, Wacholder

BLUTDRUCK, hoch Kakao, Petersilie, Safran, Stevia, Salz-Reduktion, Schnittlauch

BLUTDRUCK, niedrig Galgant, Rosmarin, Süßholz, Wacholder, Zimt

CHOLESTERIN, HOCH Gewürznelke, Kurkuma, Mohn, Paprika, Rosmarin, Schnittlauch, Zimt

DARMINFEKT Basilikum, Kurkuma, Muskat, Thymian, Zimt

DEPRESSION Kakao, Kurkuma, Limette, Muskat, Rosmarin

DIABETES Bockshornklee, Kreuzkümmel, Kurkuma, Petersilie, Stevia, Zimt

DURCHFALL Anis, Gewürznelke, Kreuzkümmel, Majoran, Pfefferminze

ENTGIFTUNG Kurkuma, Limette, Meerrettich, Petersilie

ERKÄLTUNG Ingwer, Kaper, Meerrettich, Salbei, Thymian, Pfefferminze, Salz, Sternanis, Zimt

GEBURTSHILFE Kümmel, Petersilie, Zimt

GEDÄCHTNISSCHWÄCHE Kakao, Kardamom, Kurkuma, Petersilie, Pfefferminze, Rosmarin, Zimt

GRIPPALER INFEKT Gewürznelke, Ingwer, Meerrettich, Salbei, Sternanis, Süßholz, Thymian, Pfefferminze

HAARAUSFALL Bockshornklee, Rosmarin, Thymian

HALSENTZÜNDUNG Anis, Gewürznelke, Ingwer, Kaper, Limette, Salbei, Salz, Thymian

HAUTPROBLEME Anis, Dill, Kurkuma, Piment, Stevia

HEISERKEIT Bockshornklee, Süßholz, Thymian, Zimt

HERZ-KREISLAUF-PROBLEME Galgant, Kurkuma, Rosmarin, Zimt

HUSTEN Anis, Gewürznelke, Kreuzkümmel, Kümmel, Meerrettich, Salz, Senf, Süßholz, Thymian

IMMUNSCHWÄCHE Basilikum, Chili, Dill, Ingwer, Meerrettich, Mohn, Petersilie, Sternanis

INSEKTENSTICHE Basilikum, Gewürznelke, Petersilie, Piment
KARIES Pfefferminze, Stevia, Zimt
KONZENTRATIONSMANGEL Pfefferminze, Rosmarin, Zimt
KOPFSCHMERZEN Gewürznelke, Ingwer, Koriander, Melisse, Pfefferminze, Piment
MENSTRUATIONSSCHMERZEN Dill, Kardamom, Kreuzkümmel, Kümmel, Majoran, Petersilie, Thymian
MÜDIGKEIT/ERSCHÖPFUNG Galgant, Ingwer, Petersilie, Rosmarin
MUNDGERUCH Anis, Dill, Koriander, Kreuzkümmel, Kümmel, Petersilie, Pfefferminze, Sternanis
MUSKELAUFBAU Bockshornklee, Chili, Ingwer
NERVOSITÄT Dill, Koriander, Majoran, Melisse, Muskat, Rosmarin, Thymian
OSTEOPOROSE Kurkuma, Melisse, Mohn, Oregano
PILZINFEKTIONEN UND PARASITEN Kurkuma, Meerrettich, Stevia, Süßholz, Thymian, Zimt
RHEUMA Basilikum, Chili, Dill, Ingwer, Kaper, Liebstöckel, Limette, Petersilie, Rosmarin, Senf, Oregano, Wacholder, Zimt
SCHLAFPROBLEME Dill, Kardamom, Melisse, Thymian, Vanille, Wacholder
SCHMERZEN Chili, Gewürznelke, Ingwer, Melisse, Mohn, Oregano, Pfefferminze
SEXUELLE UNLUST Gewürznelke, Mohn, Muskat, Petersilie, Piment, Safran, Senf, Vanille, Zimt
STILLEN (MILCHBILDUNG) Anis, Bockshornklee, Dill, Kreuzkümmel, Kümmel
SCHWEISS, zu starker Salbei
ÜBELKEIT Ingwer, Melisse, Pfefferminze, Zimt
ÜBERGEWICHT Chili, Pfeffer, Stevia, Zimt
VERDAUUNGSPROBLEME Anis, Bockshornklee, Dill, Galgant, Ingwer, Kreuzkümmel, Kümmel, Majoran, Pfefferminze, Piment, Salbei, Sternanis, Wacholder, Zimt
WECHSELJAHRESBESCHWERDEN Basilikum, Bockshornklee, Kreuzkümmel, Melisse, Rosmarin, Salbei
ZAHNFLEISCHENTZÜNDUNG Pfefferminze, Salbei, Salz
ZAHNSCHMERZEN Gewürznelke, Pfefferminze, Salbei
ZELLSCHUTZ/KREBS Gewürznelke, Kakao, Kaper, Kurkuma, Petersilie, Rosmarin, Safran, Schnittlauch

Seelische Impulse

aller bisher im Königsfurt-Urania Verlag veröffentlichten Pflanzen

Wk *Wildkräuter, Königsfurt Urania-Verlag 2012*
HtN *Heilkraft aus der täglichen Nahrung, Königsfurt Urania-Verlag 2013*
NH *Natürlich heilen, Königsfurt Urania-Verlag 2014*
NHI *Natürlich heilen – Immunkraft stärken, Königsfurt Urania-Verlag 2015*
WdG *Die sinnliche Welt der Gewürze, Königsfurt Urania-Verlag 2016*

ACAI Kobold (NHI)
ACEROLA Engelsflügel (NH)
ACKERSCHACHTELHALM Gelassenheit (Wk)
ACKERSENF Urvertrauen (Wk)
ALOE VERA Lebenskraft tanken (NH)
AMARANTH Transzendenz (NHI)
ANGELIKA Himmelreich (NH)
ANIS Geschäftigkeit (WdG)
APFEL Liebe (Wk)
APRIKOSE die Unabhängige (HtN)
ARNIKA Widerstandskraft (NH)
ARONIA Mut (NHI)
ARTISCHOCKE Toleranz (HtN)
ASHWAGANDHA mind-blowing (NHI)
AUBERGINE Inspiration (HtN)
AVOCADO Milde (HtN)
BANANE Energie-Kick (HtN)
BAOBAB Clan-Bewusstsein (NH)
BÄRLAUCH Kraft (WK)
BASILIKUM Durchhaltevermögen (WdG)
BEIFUSS altes Wissen (Wk)
BEINWELL innerer Halt (Wk)
BIRNE Eintracht (HtN)
BITTERMELONE Putztruppe (NH)
BLUMENKOHL Fitness (HtN)
BOCKSHORNKLEE up to date (WdG)
BRAUNELLE Selbstheilung (Wk)
BRENNNESSEL Gemeinwohl (Wk)
BROKKOLI Unternehmergeist (HtN)
BROMBEERE Orientierung (Wk)
BUCHWEIZEN Energiebündel (NHI)
CHAGA Zusammenbruch (NHI)
CHAMPIGNON Lebensgesetze (HtN)
CHIA Naturverbundenheit (NHI)
CHILI der Wachtmeister (WdG)
CHLORELLA Leere (NHI)
CISSUS Einschnitt (NH)
CRANBERRY Entschleunigung (NHI)
DILL die Glucke (WdG)
DINKEL *siehe Weizen* (HtN)
ECHINACEA Durchblick (NH)
EFEU Vergänglichkeit (NH)
EHRENPREIS Idealismus (NHI)
EISENKRAUT Ritterlichkeit
ERBSE Kindheit (HtN)
ERDMANDEL Unterstützung (NHI)
ERDSTACHELNUSS Körperreflexe (NHI)
EUKALYPTUS Friedensbringer (NH)
FENCHEL Teamarbeit (HtN)
FLOHSAMEN Reinigung (NHI)
FRAUENMANTEL Lebensweisheit (Wk)
GALGANT heile Welt (WdG)
GÄNSEBLÜMCHEN flexibles Denken (Wk)
GARTENBOHNE Networking (HtN)
GERSTE Tarnkappe (HtN)
GEWÜRZNELKE Herzenskontakt (WdG)

GIERSCH der Unbeugsame (Wk)
GINKGO Humor (NH)
GINSENG Verjüngung (NH)
GOJIBEERE Tatkraft (NH)
GOLDRUTE Ekstase (NH)
GRANATAPFEL Inklusion (NH)
GRAPEFRUIT Lernbereitschaft (NH)
GUNDELREBE Erdheilerin (Wk)
GURKE der Krieger (HtN)
HAFER Kontaktfreude (HtN)
HAGEBUTTE Jugend (NHI)
HANF die Anarchisten (NH)
HASELNUSS Sorglosigkeit (Wk)
HEIDELBEERE Zuversicht (NH)
HIRSE Zellwachstum (HtN)
HOLUNDER Selbstbewusstsein (Wk)
HORNKLEE Reichtum (Wk)
HUFLATTICH Potenz (Wk)
INDISCHE BUNTNESSEL Umgangsformen (NHI)
INGWER materielle Welt (NH, WdG)
JIAOGULAN heiliger Zorn (NH)
JOHANNISBEERE/RIBISEL Sinneseindrücke (HtN)
JOHANNISKRAUT Gemütlichkeit (Wk)
KAKAO Ritual (HtN, WdG)
KALMEGH versorgt sein (NHI)
KAMILLE Lebenshilfe (NH)
KAPER Weisheit des Herzens (WdG)
KAPUZINERKRESSE Extravaganz (NHI)
KARDAMOM Erhabenheit (WdG)
KARDE weise Herrscherin (NHI)
KARFIOL *siehe Blumenkohl* (HtN)
KAROTTE Jetzt (HtN)
KARTHÄUSER-NELKE der Künstler (Wk)
KARTOFFEL Strukturen (HtN)
KICHERERBSE Loslassen (HtN)
KIEFER Seelenführer (NHI)
KIWI Hartnäckigkeit (NHI)
KLATSCHMOHN Macht (Wk, Mohn: WdG)
KLETTE gesunder Egoismus (Wk)
KNOBLAUCH Menschsein (HtN)
KOHL Tabus (HtN)
KOKOSPALME Gelassenheit (NH)
KÖNIGSKERZE Autorität (Wk)
KONJAKWURZEL Temperament (NHI)
KORIANDER der Mutmacher (WdG)
KRAUT *siehe Kohl* (HtN)
KRESSE Innigkeit (HtN)
KREUZKÜMMEL Entscheidungsfreiheit (WdG)
KRIECHENDER GÜNSEL Schatten (Wk)
KÜMMEL Ungebundenheit (WdG)
KÜRBIS der Zuverlässige (HtN)
KURKUMA Selbstannahme (NH, WdG)
LABKRAUT Bereitschaft (Wk)
LAVENDEL Gesundheit (NH)
LEINSAMEN Leichtigkeit (NH)
LIEBSTÖCKEL Impulsivität (WdG)
LIMETTE Lotuseffekt (WdG)
LINSE Vernunft (HtN)
LORBEER Anerkennung (WdG)
LÖWENZAHN Königswürde (Wk)
LUNGENKRAUT Partnerschaft (Wk)
MACA durch dick und dünn (NH)
MÄDESÜSS Seelenverwandtschaft (Wk)
MAIS Neuland (HtN)
MAJORAN *siehe Oregano* (WdG)
MALVE Schönheit (NHI)
MANDEL Spiegel (HtN)
MANGO Vertrauen (NHI)
MARIENDISTEL die Fortschrittliche (NH)
MEERRETTICH das Bewährte (WdG)
MEISTERWURZ Seelenruhe (NHI)
MELANZANI *siehe Aubergine* (HtN)
MELISSE die Prinzessin (WdG)
MISTEL der Druide (NH)
MOHN Macht (WdG, Klatschmohn: Wildkräuter)
MÖHRE *siehe Karotte* (HtN)

MORINGA Geistesblitz (NHI)
MUSKAT Lebensgeister (WdG)
NELKENWURZ Herzlichkeit (Wk)
OLIVENBAUM das Ungewollte lieben (HtN)
ÖLPALME der Dschinn (NH)
ORANGE Sexualität (HtN)
OREGANO Urkraft (WdG)
PAPAYA Inkarnation (NH)
PAPRIKA Eigentum (HtN)
PARADEISER *siehe Tomate* (HtN)
PETERSILIE Begeisterung (WdG)
PFEFFER Vorsicht (WdG)
PFEFFERMINZE Entspannung (WdG)
PHYSALIS Trauerprozess (NHI)
PIMENT Talente (WdG)
PREISELBEERE Essenz (NHI)
QUINOA Gebet (HtN)
RADIESCHEN Start (NHI)
REIS der Diplomat (HtN)
REISHI der Lichtbringer (NH)
RHABARBER traditionelle Heilkunde (HtN)
RHODIOLA Magie (NH)
RIBISEL *siehe Johannisbeere* (HtN)
RINGELBLUME Trost (NH)
ROGGEN neue Wissenschaft (HtN)
ROSMARIN Konzentration (WdG)
ROTE RÜBE Revolution (HtN)
ROTKLEE Frauenpower (Wk)
SAFRAN Erleuchtung (WdG)
SALAT Vitalität (HtN)
SELLERIE der Steuermann (HtN)
SALBEI Grenzen (WdG)
SALOMONSIEGEL der Bewahrer (Wk)
SALZ Zauberformel (WdG)
SAUERAMPFER Lebensfreude (Wk)
SCHAFGARBE Mutterliebe (Wk)
SCHARBOCKSKRAUT Friede (Wk)
SCHISANDRA Bedachtsamkeit (NHI)
SCHLÜSSELBLUME Authentizität (Wk)
SCHNITTLAUCH Ausgelassenheit (WdG)
SCHÖLLKRAUT Bodyguard (Wk)
SCHWARZKÜMMEL Schwingungserhöhung (NH)
SENF Urvertrauen (WdG)
SESAM Toröffner (NHI)
SOJA Wunschkind (HtN)
SONNENLICHT Seelennahrung (HtN)
SPARGEL Ehrlichkeit (HtN)
SPINAT die Kapriziöse (HtN)
SPIRULINA Wu Wei (NH)
SPITZWEGERICH Reinheit (Wk)
STACHELBEERE Willenskraft (NHI)
STERNANIS Survival (NH, G)
STEVIA Mondfrau (WdG)
STINKSTORCHSCHNABEL Verlässlichkeit (Wk)
SÜSSHOLZ Perlentor (WdG)
TAIGAWURZEL simple living (NHI)
TAUBNESSEL Kommunikation (Wk)
TAUSENDGÜLDENKRAUT Aktivitätsschub (NH)
TEEBAUM Timeout (NH)
TEEPFLANZE Konfliktbereitschaft (NHI)
TEUFELSKRALLE der Gelehrte (NH)
THYMIAN Forschung (WdG)
TOMATE Originalität (HtN)
TRAUBENHYAZINTHE Läuterung (Wk)
TULSI Freundschaft (NHI)
VANILLE Göttin der Sinne (WdG)
VERGISSMEINICHT Lichtbringer (Wk)
VOGELMIERE Weg der Seele (Wk)
WACHOLDER Der Alchemist (WdG)
WALDERDBEERE Demut (Wk)
WALDMEISTER Wagemut (Wk)
WASSER Leben (HtN)
WASSERMELONE Erfrischung (NHI)
WEGWARTE Im siebten Himmel (Wk)
WEIHRAUCH Würde (NHI)
WEINTRAUBE Luxus (HtN)
WEISSDORN Aufbruch (Wk)
WEIZEN Goldene Mitte (HtN)
WERMUT Belastbarkeit (NHI)

TIPP: Auf der Website www.seelenkarten.com können Sie sich von der Autorin eine unterstützende Pflanzenkarte für Ihre persönliche Lebenssituation heraussuchen lassen. Dieser Service ist für alle Leser kostenfrei – einfach ausprobieren!

Stichwortverzeichnis

Rezeptregister

Sachregister

A

Service und Informationen

Die Angaben auf dieser Seite stellen eine Auswahl vorhandener Informationsseiten dar und verstehen sich als Hinweise ohne Haftung oder Gewähr für die Inhalte der Links.

Mehr zum Thema Gewürze im Internet

http://gernot-katzers-spice-pages.com/germ/#spices
http://www.mein-kraeuterparadies.de/Kraeuter-und-Gewuerze-von-A-bis-Z
http://gesund.co.at/gewuerzlexikon-kuechenkraeuter-gewuerze-11221/
http://www.gewuerzshop-mayer.de/gewuerze.html
http://www.admare.de/rec-spice.htm
www.kraeuter-buch.de/magazin/
www.heilpflanzen-welt.de/heilpflanzen.htm
http://heilkraeuter.de/
www.sonnentor.com
www.lebensbaum.com/de/produkte/gewuerze
www.akala-vertrieb.at/shop/de/Bio-Gewuerze/
www.zauberdergewuerze.de
www.dragonspice.de
www.pikantum.de/Bio-Kraeuter-Gewuerze

Kräuter im Garten

www.philognosie.net/haus-garten/kraeuter-pflanzen-welche-kraeuter-passen-gut-zusammen
www.kraeuter-buch.de/magazin/die-richtige-kraeutererde-48.html

Kräuter verarbeiten

www.kraeuter-buch.de/magazin/kraeuter-trocknen-1.html
http://www.kraeuter-allgaeu.de/heilung.php
http://www.mein-schoener-garten.de/de/gartenpraxis/nutzgarten/kraeuter-duft-und-wuerze-richtig-konservieren-11230
http://www.nachhaltigleben.ch/themen/garten/kraeutergarten/kraeuter-haltbar-machen-und-aufbewahren-kraeuter-oel-pesto-oder-einfrieren-1728/2

Thermische Wirkung von Nahrungsmitteln

Temelie, Barbara: *Ernährung nach den Fünf Elementen. Wie Sie mit Freude und Genuß Ihre Gesundheit, Liebes- und Lebenskraft stärken*, Joy Verlag, Sulzberg 2001

Temelie, Barbara, Trebuth, Beatrice: *Die Fünf Elemente Ernährung für Mutter und Kind. Umfassende Ernährungsempfehlungen für Kinder, werdende Mütter und Eltern*, Joy Verlag, Sulzberg, 2003

www.spar.at/content/dam/website/website_at/Artikel/TCM/TCM-Lebensmittelliste.pdf
www.gesundheitskoller.com/tcm/TCM.pdf

Empfehlenswerte vegane Rezepte von Surdham Göb

Vegane Powerdrinks: schnell und einfach gemacht – was ein Mixer alles zaubern kann. ZS-Verlag München, 2015

Vegan Daily: ein Kochbuch das den ganzen Tag abdeckt. AT-Verlag Aarau, 2014

Vegane Superfoods: mit ausgewählten Pflanzen, die über besonders viele Vitalstoffe verfügen. AT-Verlag Aarau, 2013

Meine Vegane Küche: ein klassisches Kochbuch, mit vielen Ideen für festliche Einladungen. AT-Verlag Aarau, 2013

Fußnoten und Verweise

1 Mehr dazu in Arvay, Clemens: *Der Biophilia-Effekt*, edition a, Wien 2015

2 Mehr dazu in Storl, Wolf-Dieter: *Ur-Medizin*, AT-Verlag 2015

3 Mehr dazu in Gruber, Julia: *Heilkraft aus der täglichen Nahrung*, Königsfurt Urania-Verlag, 2013

4 Standage, Tom: *Der Mensch ist, was er isst. Wie unser Essen die Welt veränderte*, Patmos Verlag, Mannheim 2010, S. 78

5 Standage, Tom: *Der Mensch ist, was er isst. Wie unser Essen die Welt veränderte*, Patmos Verlag, Mannheim 2010, S. 134

6 Standage, Tom: *Der Mensch ist, was er isst. Wie unser Essen die Welt veränderte*, Patmos Verlag, Mannheim 2010, S. 155

7 Studie zur krebsförderlichen Wirkung von Aspartam: Schernhammer ES: *Consumption of artificial sweetener- and sugar-containing soda and risk of lymphoma and leukemia in men and women.* Am J Clin Nutr. 2012 Dec; 96(6):1419-28.

8 http://www.bund.net/themen_und_projekte/nanotechnologie/nanomaterialien/titandioxid_zinkoxid/ http://www.laborundmore.com/archive/237098/Untersuchungen-zur-Toxizitaet-von-TiO2.html

9 Mehr Informationen zum Beispiel unter https://www.ugb.de/lebensmittel-im-test/dolce-vita-dank-suessstoffen/ oder http://lebensmittel-gift.blogspot.de/2015/01/kaugummi-das-gift-zum-kauen.html

10 Eine Liste von Zusatzstoffen tierischen Ursprungs finden Sie hier: http://www.peta.de/inhaltsstoffe#.Vma1nulWmSo

11 http://derstandard.at/2000023936548/Hirnforscher-Wir-sind-Marionetten-unserer-Darmbakterien

12 Gruber, Julia: *Heilkraft aus der täglichen Nahrung*, Königsfurt-Urania-Verlag, Krummwisch 2013

13 F. J. He, G. A. MacGregor: *Effect of longer-term modest salt reduction on blood pressure.* In: The Cochrane database of systematic reviews. Nummer 3, 2004; https://www.ncbi.nlm.nih.gov/pubmed/15266549?dopt=Abstract

Bildquellenverzeichnis

Historische Abbildungen und Gemälde

Mohn (S. 5), Bockshornklee (S. 6), Kaper (S. 9): Otto Wilhelm Thomé: *Flora von Deutschland, Österreich und der Schweiz* (1885) (http://caliban.mpiz–koeln.mpg.de/thome/index.html, Wikipedia)

Minze (S. 6), Gewürznelken und Sternanis (S. 7), Salbei und Zimt (S. 8), Galgant (S. 9): Franz Eugen Köhler: *Köhler's Medizinal Pflanzen Atlas,* 1887 (Wikipedia) (http://caliban.mpiz-koeln.mpg.de/koehler2/index.html)

S. 18: William Hodges: *Matavai-Bucht, Tahiti,* 1773 (Ausschnitt)
S. 71: Leonardo da Vinci: *Mona Lisa* (1503 – 1506)
S. 87: Kaspar David Friedrich: *Wanderer über dem Nebelmeer* (1818)
S. 99: Henri Toulouse-Lautrec: *Vincent van Gogh in Paris* (1887)
S. 103: Vittorio Matteo Corcos: *Träume* (1896)
S. 139: Paul Cézanne: *Die Obstpkückerin* (1876 – 1877)
S. 143: Claude Monet: *Abendstimmung in Venedig* (1908)
S. 151: Vincent van Gogh: *Blühender Garten* (1888)
S. 173: Henri Edmond Cross: *La fuite des nymphes* (um 1906)

Porträt Surdham Göb (S. 11)

© Oliver Brachat • www.oliverbrachat.com

Fotos von Julia Gruber

S. 2
S. 46: Anis-Vanille-Kekse
S. 70: Muskatkürbis
S. 94: Knusperknäckebrot
S. 110: Bohneneintopf
S. 130: Spinat-Mangold-Fritatta
S. 158: Persischer Safranreis
S. 168: Chili-Kakao-Salz

Fotos Wikipedia

S. 68 und Karte: Gewürznelke – Fotograf: tinofrey
S. 204 und Karte: Zimt (Cinnamomum verum) – Fotografen: Marion Schneider & Christoph Aistleitner

Abbildungen von Fotolia.com (wenn nicht anders angegeben)

| Icons: thermische Wirkung: rfvectors.com • Blüte © Hermann Betken – grafik-seite.de • Blatt/Kraut © Artanika • Frucht © ecco • Wurzel © Erik Schumann • Samen © Bambuh • Rinde © Nik Merkulov• fair trade © butenkow• Anbau im Garten oder Topf möglich © Steve Young | S. 3: Gewürze und Kräuter © andriigorulko | S. 5: Safran du Maroc © Jérôme SALORT | S. 12: Weihnachtsgewürze © sarsmis | S. 14/15: Kräuter und Gewürze© Natalia Klenova | S. 17/200 und Kartenrückseite: Juniper branch and berries © spline_x | S. 21: Minzöl © daffodilred | S. 23 – 25: Erdbeeren © katafree | S. 24: E951 © Monika Wisniewska | S. 27: spezie rosse in cucchiaio © Giuseppe Porzani | S. 27/28: Mohnfeld © denis_333 | S. 30/31: Coriander flowers © evegenesis | S. 33 – 35: Gewürze © Alexander Raths | S. 35: Kräutergarten © focus finder | S. 36: Gewürze © Floydine | S. 37: Herbs and spices © Natalia Klenova | S. 39/40: Various herbs and spices © Alexander Raths | S. 40: Antipasti © kitchenkiss | S. 41: Schwarzkümmel © M. Schuppich | S. 42/43: Gewürze © Alexander Raths | S. 44 und Karte: Anis, Pimpinella anisum © Heike Rau | S. 44ff. und Kartenrückseite: Aniseed (Pimpinella anisum) © Prashant ZI | S. 45: Stilltee © Heike Rau | S. 47: Zen © fotofabrika | S. 48 und Karte: Basilikum © MathiasK. | S. 48ff. und Kartenrückseite: Basilikum frisch und gefriergetrocknet © emuck | S. 49: Heiliges Basilikum © subinpumsom + Thai-Basilikum © aunaun | S. 50: Basilikumpesto © denio109 + Weinbergpfirsiche © Thomas Francois | S. 51: Stilleben © redhorst | S. 52 und Karte: Bockshornklee © Yogesh More | S. 52ff. und Kartenrückseite © andriigorulko | S. 54: Gewürzmix © sarsmis | S. 55: Fußgängerzone © mitifoto | S. 56 und Karte: Chili © Janine Fretz Weber | S. 56ff. und Kartenrückseite: Red Chili Pepper powder © dasuwan | S. 58: Polenta © Lilyana Vynogradova | S. 59: Lichtung© Gabriele Rohde | S. 60 und Karte: Dill © emer | S. 60ff. und Kartenrückseite: dried dill seeds © Sergii Moscaliuk | S. 61: Dilltee © Comugnero Silvana | S. 62: Dillsoße © fahrwasser | S. 63: Dillsamen © DLeonis | S. 64 und Karte: Galgant © Norbert Mittermaier und Artur Huber, www.naturganznah.com | S. 64ff. und Kartenrückseite: Galgant © emuck | S. 66: Habermus © julia_arda | S. 67: Teichrose © JGade | S. 68ff. und Kartenrückseite: Gewürznelken und -pulver © emuck | S. 72 und Karte: Roter Ingwer (Zingiber officinale) © petrabarz | S. 72 und Kartenrückseite: ginger with spice © T. Wejkszo | S. 74: Uramaki © GoodMood Photo | S. 75: vegetarisches Büffet © pentax1979 | S. 76 und Karte: kakao © sbgoodwin | S. 76ff. und Kartenrückseite: Cocoa pod © volff | S. 78: Kakao © Konstantin Drieß + Pralinen © Rozmarina | S. 79: Trommeln © Ric-Pic | S. 80 und Karte: Capparis spinosa © kavcicm | S. 80ff. und Kartenrückseite: Capperi © Antonio Gravante | S. 81: Kapern © Thomas Francois | S. 82: Kapernsalat © oxxyzay + vegane Mayonnaise © koss13 | S. 83: Kapernblüte © Shchipkova Elena | S. 84 und Karte: Kardamomblüte © Swapam | S. 84 und Kartenrückseite: Kardamom – Kapseln, Samen und Pulver © emuck | S. 85: Kardamomkapseln © Nataliia Pyzhova | S. 86: Yogi-Tee © zoryanchik + Eiscreme © slast20 | S. 88 und Karte: Coriander (Coriandrum sativum) © belizar | S. 88ff. und Kartenrückseite: Koriander © emuck | S. 90: Linsensalat © Eva Gundermann + Tom Yum-Suppe © todsaporn_w | S. 91: In der Natur © drubig-photo | S. 92 und Karte: Kreuzkümmel © Heike Rau | S. 92ff. und Kartenrückseite: dried cumin seeds © Picture Partners | S. 95: Einladung © Africa Studio | S. 96 und Karte: Kümmel © rdnzl | S. 96ff. und Kartenrückseite: Kümmel © Jana Behr | S. 97: Kümmelöl © SpaPartners | S. 98: Kümmelsticks © lenushkab + Kartoffelgulasch © kab-vision | S. 100 und Karte: Blooming curcuma © WuTtY | S. 100ff. und Kartenrückseite: Kurkuma © emuck | S. 102: Khichdi © FomaA | S. 104 und Karte: Lovage (Levisticum officinale) © belizar | S. 104ff. und Kartenrückseite: Liebstöckel © emuck | S. 106: Kartoffel-Zucchini-Suppe © aliengel | S. 107: Frau riecht an Fenchel © Robert Kneschke | S. 108 und Karte: Lime tree © Ruslan Olinchuk | S. 108 und Kartenrückseite: lime splash © Giuseppe Porzani | S. 109: 109: getrocknete Limetten © uckyo | S. 111: Quelle © Romolo Tavani | S. 112 und Karte: laurel © maljalen | S. 112ff. und Kartenrückseite: Echter Lorbeer © Comugnero Silvana | 114: Bouquet garni © Patryssia | S. 115: Notizzettel © Eccovla | S. 116 und Karte: Meerrettich © Axel Gutjahr | S. 116 und Kartenrückseite: Roots of horseradish © angorius | S. 117: Wasabi © dreamnikon | S. 118: Meerrettichaufstrich © rainbow33 | S. 119: Hofladen © Sonja Birkelbach | S.

120 und Karte: Melissa officinalis © varts | S. 120ff. und Kartenrückseite: Melisse © Karina Baumgart | S. 121: Limonade © Dani Vincek | S. 122: Triffle © Foodfine | S. 123: Prinzessin © rohappy | S. 124 und Karte: Mohn (Papaver somniferum) © Ingo Bartussek | S. 125ff. und Kartenrückseite: Mohn, getrocknet © dizolator | S. 126: Mohnmus © tunedin | S. 127: Meditation © rolffimages | S. 128 und Karte: Muskat © Unclesam | S. 128ff. und Kartenrückseite: Muskatnuss © mates | S. 131: Seifenblasen © David Pellicola | S. 132 und Karte: Oregano © Guido Miller | S. 27 | S. 132ff. und Kartenrückseite: Majoran © Scisetti Alfio | S. 134: Suppe © Kitty | S. 135: Wolf © Nicole Steinbichler | S. 136 und Karte: Petersilie © tunedin | S. 136ff. und Kartenrückseite: Petersilie © emuck | S. 138: Kartoffelpuffer © Andre Bonn + Smoothie © tanjichica | S. 140 und Karte: Pfeffer (Piper nigrum) © kajornyot | S. 140ff. und Kartenrückseite: Pfeffer © womue | S. 142: Erdbeeren mit Pfeffer © fotografiche.eu | S. 144 und Karte: Pfefferminze © shustrik95 | S. 144ff. und Kartenrückseite: viperagp | S. 146: Cocktail © BillionPhotos.com | S. 147: Aromaöl © daffodilred | S. 148 und Karte: Piment © Norbert Mittermaier und Artur Huber, www.naturganznah.com | S. 148ff. und Kartenrückseite: Piment © HandmadePictures | S. 149: Piment © linda_vostrovska | S. 150: Konfekt Datei © fahrwasser | S. 152 und Karte: Rosmarinus officinalis © michikodesign | S. 152ff. und Kartenrückseite: Rosmarin © viperagp | S. 154: Kräuter © photocrew | S. 155: Gehirnströme © psdesign1 | S. 156 und Karte: Crocus Sativus © Matteo Gabrieli | S. 159: Buddha © Pixelrohkost | S. 160 und Karte: Salbei © yurim | S. 160ff. und Kartenrückseite: Salbei, blühend © Comugnero Silvana | S. 161: Salbei © mates | S. 162: Ochsenherztomaten © rdnzl + Blütenbutter © Martina Osmy | S. 163: Malkasten © Pixeltheater | S. 164 und Karte: Salzberge © tuelekza | S. 164ff. und Kartenrückseite: Salz © emuck | S. 166: schwarzes Salz © joanna wnuk | S. 167: patatas y salsa © dulsita | S. 169: Ostsee © doris oberfrank-list | S. 170 und Karte: Schnittlauch (Allium schoenoprasum) © Annett Seidler | S. 170ff. und Kartenrückseite: Schnittlauch © Scisetti Alfio | S. 172: Kartoffelsalat © imaGo - Martin R. + Tofu-Rührei © Kitty | S. 174 und Karte: Senf (Brassica juncea) © Swapan | S. 174ff. und Kartenrückseite: Senf © ExQuisine | S. 176: Senf © DIA + Wildkräutersalat © Blue Sign | S. 177: Tagebuch © pingpao | S. 178 und Karte: étoiles d'automne © maymounay | S. 178ff. und Kartenrückseite: Sternanis © by-studio | S. 180: Punsch © Markus Mainka | S. 181: Springen © EpicStockMedia | S. 182 und Karte: Stevia rebaudiana © StefanieB. | S. 182ff. und Kartenrückseite: Stevia © viperagp | S. 184: Ginger Ale © Brent Hofacker | S. 185: Mond © artmans | S. 186 und Karte: Süßholz (Glycyrrhiza glabra) © mica | S. 186ff. und Kartenrückseite: Süßholzwurzel © Scisetti Alfio | S. 187: Lakritze © Orlando Bellini 7 | S. 188: Tee © JPC-PROD + Halloween-Spinnen © Olga Lyubkin | S. 189: Paar © Photographee.eu | S. 190 und Karte: Thymus vulgaris © megakunstfoto | S. 190ff. und Kartenrückseite: Thymian © Joachim Opelka | S. 192: Champignons © sarsmis | S. 193: Blätter – Hand © lightaspect | S. 194 und Karte: Vanilla planifolia © Pierre-Yves Babelon | S. 194ff. und Kartenrückseite: Schoten © Unclesam | S. 196: Vanillekipferl © A_Lein | S. 197: Apfeldessert © Kitty | S. 198: Himberlikör © Igor Normann | S. 199: Vanille-Spa © BillionPhotos.com | S. 200 und Karte: Juniperus communis © Roxana | S. 200ff. und Kartenrückseite: spline_x | S. 202: Rotkohl © Barbara Pheby | S. 203: Wacholderbaum © yellow | S. 204ff. und Kartenrückseite: © emuck | S. 206: Apfelwähe © czarny_bez + Tomatensuppe © ld1976 | S. 207: Familienspiel © tunedin | S. 208ff: Gewürze © Natalia Klenova |

| Basilikum Kartenrückseite: © emer | Bockshornklee Kartenrückseite: © uckyo | Chili Kartenrückseite: © Thomas Hecker | Dill Kartenrückseite: © mindgamesru_ | Kakao Kartenrückseite: Kakaopulver © emuck | Kapern Kartenrückseite: caper berries © albetinelec | Oregano und Majoran Kartenrückseite: Oregano © Joachim Opelka + Majoran © Scisetti Alfio | Salbei, getrocknet Kartenrückseite: ©designelements | Süßholz, zerkleinert Kartenrückseite © emuck | Thymian, getrocknet Kartenrückseite: © Abel Tumik | Vanille und Blüte Kartenrückseite: © volff |

Weitere Bücher und Karten-Sets bei Königsfurt-Urania

Europäische Ayurvedaküche

Das Beste aus zwei Welten

- Genussvoll / Harmonisierend / Typgerecht
- Mit ausführlichem Typentest zur Beurteilung der eigenen Konstitution
- Jedes Rezept mit Empfehlungen zur Unterstützung von Vata, Pitta und Kapha

Beim Ayurveda – der traditionellen indische Heilkunde – spielt die Ernährung eine wichtige Rolle. Neben allgemein gesundheitsförderndem Umgang mit Lebensmitteln, kommt es auf die typgerechte Verwendung von Gewürzen an. Die Ayurveda-Expertin Irene Rhyner hat dazu ein wunderbares Kochbuch geschaffen, in dem sie auf faszinierende Weise den Bogen zwischen ayurvedischer und europäischer Kochkunst spannt. Saisonal, egional und vegetarisch sind die Grundlagen ihrer harmonischen Küche.

Irene Rhyner arbeitet seit fast 20 Jahren als Ayurveda-Expertin in Europa, in erster Linie in der Schweizer Praxis für Ayurveda-Medizin, die sie mit ihrem Mann, Hans Heinrich Rhyner, zusammen betreibt